FASZINATION REINKARNATION

Daniela Mattes

FASZINATION REINKARNATION

Der erstaunliche Fall der Omm Sety

Bibliografische Information der Deutschen Nationalbibliothek:
Die Deutsche Nationalbibliothek verzeichnet diese Publikation in der Deutschen Nationalbibliografie; detaillierte bibliografische Daten sind im Internet über http://dnb.dnb.de abrufbar.

TWENTYSIX – Der Self-Publishing-Verlag
Eine Kooperation zwischen der Verlagsgruppe Random House und BoD – Books on Demand

© 2018 Daniela Mattes
Lektorat: Katharina Lindner
Cover: Kurt Diedrich

Herstellung und Verlag:
BoD – Books on Demand, Norderstedt

ISBN: 9783740762025

Vorwort

Der Glaube an die Reinkarnation ist nicht nur weit verbreitet, sondern auch schon sehr alt. Da es letztendlich an handfesten Beweisen mangelt, gibt es jedoch sehr viele Skeptiker, die Reinkarnationsberichten misstrauisch gegenüberstehen. Wer kann es ihnen verdenken?

Doch wie kann man zwischen den vielen vorliegenden Berichten auswählen, welche davon – zumindest für die Betroffenen – real sind und welche lediglich Einbildung, Halluzination, Wunschdenken oder sogar ein absichtlich eingefädelter Betrug sind?

In diesem Buch stelle ich Ihnen zunächst die Reinkarnation selbst vor. Um was handelt es sich dabei? Wie soll sie ablaufen? Allein über die Reinkarnation, die vielen vorliegenden Berichte darüber und die Beschreibungen und Erlebnisse im Jenseits ließen sich eigene lange Bücher füllen.

Doch ist es nicht meine Absicht, Ihnen lang und breit das Thema der Jenseitsforschung darzulegen. Ich möchte lediglich die Begleitumstände schildern, die mit zur Reinkarnation gehören.

Im Anschluss stelle ich Ihnen in einer kurzen Übersicht noch einige weitere spektakuläre Fälle vor. Diese zeigen eindrucksvoll, wie gerade bei kleinen Kindern die Erinnerungen an frühere Leben noch wach sind und wie überraschend akkurat sie sind.

Danach haben Sie genug Hintergrundwissen für den erstaunlichen Fall der Dorothy Eady, besser bekannt als Omm Sety, um die es hier gehen soll. Diesen Fall möchte ich Ihnen gerne nahebringen, da er selbst Wissenschaftler erstaunt hat.

Denn Dorothy, oder Omm Sety, hat sich nicht nur detailliert an ihr letztes Leben als Priesterin Bentreshyt im Alten Ägypten erinnern können, sie konnte sogar den Ägyptologen und Archäologen dabei helfen, wichtige Funde auszugraben.

Funde, von denen die Wissenschaftler nicht einmal wussten, dass es sie geben würde, an die sich Omm Sety aber klar und deutlich erinnern konnte. Wie beispielsweise den wunderschönen Garten von Pharao Seti I. Doch woher wusste sie von diesem Garten und wieso kannte sie dessen genaue Lage, die nicht einmal den Forschern bekannt war?

Ihre erstaunliche Geschichte wird den Hauptteil des Buches ausmachen. Dazu untersuchen wir mögliche Erklärungen, wie Dorothy an das Wissen hätte gekommen sein können. War sie eine Betrügerin?

Teil 1

Reinkarnation – was bedeutet das?

Der Begriff wird in unterschiedlichen Kulturen und Religionen verschieden interpretiert. Er ist auch als „Wiedergeburt" oder „Seelenwanderung" bekannt, um nur zwei weitere Beispiele zu nennen. Grundsätzlich gehen diese verschiedenen Reinkarnationslehren jedoch alle davon aus, dass der Mensch eine unsterbliche Seele besitzt, die beim Tod des Körpers weiterlebt. Sie löst sich beim Tod vom Körper, gelangt ins „Jenseits" und kann sich anschließend in einem neuen Körper wieder inkarnieren.

Als Beweis für die Existenz der Seele und dafür, dass sie sich vom Körper lösen kann, werden auch gerne die **Astralreisen** oder „AKE", also die „**Außerkörperlichen Erfahrungen**" genannt. Dabei kann sich die Seele, so sagt man, entweder im Traum unabsichtlich vom Körper lösen und herumstreifen.

Oder sie kann gezielt durch Meditation oder Trancezustände dazu bewegt werden, geführte Ausflüge zu unternehmen. Dabei kann die Seele entweder auf unserer Welt reisen oder in den jenseitigen Dimensionen, in denen sie auch Verstorbene oder Astralwesen treffen kann.

Verschiedene Religionen beinhalten zwar den Glauben an die Wiedergeburt, aber er wird unterschiedlich begründet. Vorrangig im Buddhismus und Hinduismus ist die Wiedergeburt ein fester Bestandteil, der dort häufig mit der Karmalehre verknüpft ist.

Der Begriff „**Karma**" stammt aus dem Sanskrit und bedeutet, dass jede Handlung eine Folge nach sich zieht. Aber nicht nur, wenn wir körperlich handeln, sondern auch wenn wir negative Gedanken hegen, kann sich dies in einem „schlechten" Karma bemerkbar machen. Die Folgen, die wir durch unsere Taten und Gedanken erdulden müssen, kommen aber manchmal nicht sofort auf uns zu, sondern erst in einem späteren Leben.

Dieses Prinzip von Ursache und Wirkung schlägt sich dann gerade im Buddhismus und Hinduismus in dem Kreislauf der Wiedergeburten nieder. Denn auch in einem nächsten Leben werden wir natürlich wieder Taten begehen und gewisse Gedanken haben. Diese ständigen Wiedergeburten werden auch „Samsara" genannt, das „Rad der Wiedergeburt" oder „Kreislauf der Wiedergeburt".

Natürlich haben auch unsere positiven Handlungen und Gedanken Folgen. Wir ernten in dem Fall die Früchte unserer guten Taten. Auch dafür benötigen wir eventuell ein weiteres Leben. Das Ziel der Wiedergeburten ist es, sich so weit zu vervollkommnen, dass kein Karma mehr hinzukommt und damit auch keine weitere Wiedergeburt notwendig wird.

Im Buddhismus gibt es dazu eine abweichende Interpretation. Auch hier glauben die Menschen an das Karma, das ein weiteres Leben notwendig machen kann. Es ist aber wichtig, die „Wurzeln des Karmas" zu überwinden und beispielsweise Hass, Verblendung, Unwissenheit oder Gier aus seinem Leben zu verbannen.

Wer sich nämlich nach buddhistischer Auffassung ein weiteres Leben einbrockt, der kann bei einem schlechten Karma auch als Tier, aber sogar als Geist, Dämon oder in einer Hölle wiedergeboren werden. Bei gutem Karma landet man allerdings in der Himmelswelt.

Buddha hat versucht, zur Erleuchtung zu gelangen und alle negativen Gedanken hinter sich zu lassen. Er hat alle negativen Gefühle und Gedanken überwunden und den Zustand des „**Nirwana**" erreicht. Damit muss er kein weiteres Leben absolvieren. Auch wenn die Buddhisten im Nirwana „frei" wären, so können sie jedoch – wie Gautama Buddha – dennoch eine absichtliche „bewusste Wiedergeburt" auswählen.

Im Rahmen dieses selbst gewählten Erdenlebens sind sie als erleuchtete Menschen („**Bodhisattva**") unter uns und können uns dabei helfen, ebenfalls die Erleuchtung (und somit die Erlösung vom Rad der Wiedergeburt) zu erlangen.

Ein bekanntes Beispiel dafür ist die beliebte Göttin **Kwan Yin** (es sind mehrere Schreibweisen möglich). Um sie ranken sich verschiedene Legenden. Die bekannteste besagt, dass sie die Tochter eines chinesischen Fürsten war, die sich gegen den Willen ihres Vaters unter das einfache Volk mischte.

Dort erlebte sie am eigenen Leib, wie schlecht es den Armen und Bedürftigen und auch den Obdachlosen ging. Sie entwickelte ein großes Mitgefühl für diese Menschen und half ihnen, wo sie nur konnte. Sie war ihnen gegenüber barmherzig und liebevoll, und als sie erleuchtet war und ins Nirwana eingehen konnte, weigerte sie sich. Sie wollte so lange auf der Erde bleiben, bis sie den Menschen geholfen hatte, ebenfalls Erleuchtung zu finden.

Im Christentum ist die Sache weniger eindeutig. Schon der Grieche **Platon** (428 -347 v. Chr.) verwies darauf, dass die Seele unsterblich sei. Auch sein Landsmann **Origenes** (185 -254 n. Chr.) war dieser Ansicht. Origenes war ein christlicher Gelehrter und Theologe. Seiner Meinung nach existierte die Seele seit Anbeginn der Zeit und entwickelte sich über verschiedene Leben hinweg durch die Befolgung der christlichen Gebote und durch die Liebe zu Gott wieder zu ihm zurück.

Diese Einstellungen spiegelten sich vor allem in den gnostischen Strömungen, wurden jedoch von den Kirchenvätern abgelehnt und 553 beim Konzil in Konstantinopel endgültig verworfen. Eine Wiedergeburt passte nicht zu der Auffassung einer Auferstehung in Fleisch und Blut (und Seele) beim Jüngsten Gericht.

Dasselbe Problem haben die beiden anderen Hauptreligionen Islam und Judentum, da sie dieselbe Basis und Grundlage besitzen wie die Christen. Ausnahmen bilden – wie in der christlichen Gnosis – einzelne Ansichten von Mystikern wie den Sufis, die ebenfalls eine Wiedergeburt in Betracht ziehen.

Teil 2

Leben zwischen den Leben

Die Wiedergeburt ist entsprechend der heutigen esoterischen Auffassung eine Tatsache. Die Grenzwissenschaften untersuchen und bestätigen die Existenz der Seele und ihr Weiterleben im Jenseits durch Maßnahmen wie die Transkommunikation, also die Gespräche mit den Verstorbenen.

Leider können wir in diesem Buch nicht zu intensiv auf alle spannenden Themen eingehen, da wir uns hauptsächlich Omm Sety widmen wollen. Trotzdem empfehle ich Ihnen, sich näher mit der Thematik zu befassen.

Wer sich genauer über die Transkommunikation informieren möchte, dem stehen unzählige Webseiten dafür zur Verfügung. Hilfreich für den Einstieg ist die Seite des Vereins für Transkommunikation, der bereits 1975 gegründet wurde: https://www.vtf.de/

Transkommunikation

Beim Kontakt mit dem Jenseits greifen Transkommunikationsforscher, Spiritismusfans und Geisterjäger sowie seriöse Forscher auf Hellseher, Channel-Medien und vor allem technische Versuchsanordnungen zurück, die es ermöglichen, mit den Jenseitigen, also den Verstorbenen, in Kontakt zu treten.

Professionelle Geisterjäger verwenden dazu die sogenannte „Ghostbox" oder „Spiritbox", andere behelfen sich mit einfachen Tonband- bzw. Diktiergeräten oder Apps für Handy und PC. Daneben sind aber noch viele weitere technische Geräte im Einsatz.

Es gibt hierbei eine Vielzahl von Möglichkeiten, die ich im Rahmen dieses Buches gar nicht im Einzelnen erklären kann. Jedenfalls ist es auf verschiedene Arten möglich, mit den Verstorbenen in Kontakt zu treten und sich mit ihnen zu unterhalten.

Für viele Hinterbliebene ist es tröstlich, ein paar letzte Botschaften von ihren Lieben übermittelt zu bekommen. Für Forscher ist es aufschlussreich, vieles über das Leben und Sterben zu erfahren. Gerade renommierte Forscher können in diesem Bereich hervorragende Ergebnisse nachweisen und Bild- und Tonaufnahmen Verstorbener aus dem Jenseits präsentieren.

Spiritismus

Wichtige Vorarbeiten für die Transkommunikation hat der beginnende Spiritismus im 19. Jahrhundert geleistet, als erste mediale Versuche mit Séancen gestartet wurden. Vielfach konnte natürlich in allen Bereichen Betrug nachgewiesen werden. Denn wie in jeder Branche gibt und gab es auch hier schwarze Schafe.

Besonders hervorzuheben bei den ersten Jenseitskontakten ist der französische Spiritualist **Allan Kardec** (eigentlich **Hippolyte Léon Denizard Rivail**; 1806-1869). Allen Kardec war ein Lehrer und noch dazu sehr großzügig. 1828 kaufte er eine Bildungseinrichtung für Jungen, später eine Halle, wo er mehrere Fächer kostenlos unterrichtete.

1854 hörte er zum ersten Mal von dem Phänomen des Tischerückens und war aufgrund seiner naturwissenschaftlichen Vorbildung äußerst skeptisch. Er ließ sich nur schwer dazu überreden, selbst an einer Séance teilzunehmen und danach, immer noch skeptisch, versuchte er, eine Begründung für das Phänomen zu finden, das seiner Meinung nach auf einem bisher unbekannten Naturgesetz beruhen könnte.

Seine Forschung auf diesem Gebiet war bahnbrechend. Er suchte mehrere Medien, denen er über 1000 Fragen stellte, die die Geister ihm dann beantworten sollten. Das daraus resultierende „Buch der Geister" wurde 1857 veröffentlicht und ist immer noch erhältlich und vor allem unbedingt lesenswert!

Es geht auf die zentralen Themen ein, die jeden Menschen interessieren. Was hat es mit der Seele auf sich, mit Gott, Himmel, Hölle, dem Leben nach dem Tod, der Wiedergeburt etc.? Den Namen Allan Kardec nahm er übrigens – von den Geistern inspiriert – als Pseudonym an, um seine reguläre Arbeit und seine Forschung besser trennen zu können.

Das Jenseits

Was geschieht nun im Leben zwischen den Leben? Berichte über das Jenseits und Nahtoderlebnisse könnten ganze Bände füllen. Für den Rahmen dieses Buches wäre das jedoch überzogen und würde die liebe Omm Sety, um die es hier gehen soll, zu weit in den Hintergrund rücken.

Verschiedene hellsichtige Menschen, die mit den Verstorbenen in Kontakt treten können, aber auch Menschen wie **Robert Monroe**, der sich auf Astralreisen begeben kann, berichten davon, wie es „dort drüben" aussieht. Der 1995 verstorbene Robert Monroe hat bereits 1974 sein Monroe Institut gegründet, in dem heute noch das von ihm entwickelte Hemi-Sync-Verfahren unterrichtet wird, mit dessen Hilfe man seine außerkörperlichen Erfahrungen trainieren kann.

Wichtigstes Gebot ist es, dass der Gedanke die Materie formt. Die Jenseitigen bestehen nur aus Energie und was sie sich vorstellen oder wünschen, ist bereits da. Deshalb können sie in der Astralwelt alleine durch einen Wunsch ein Haus mit Garten entstehen lassen oder in einem Bruchteil einer Sekunde von einem Ort zum anderen reisen. Alles ist möglich.

Entsprechend ihrer seelischen Entwicklung werden die Verstorbenen auf der anderen Seite auch Gleichgesinnte treffen. Manche Berichte lassen durchblicken, dass sich Menschen, die sich selbst getötet haben, zunächst auf einer niedrigen und dunklen Ebene befinden, in der sie ihre negativen Erfahrungen verarbeiten müssen.

Viele berichten von einem „Heilschlaf", den die Seelen durchlaufen. Von liebevollen Verwandten und Bekannten werden sie aber bereits am Sterbebett abgeholt und durch die weiteren Schritte in der jenseitigen Welt geführt.

Viele berühmte Medien wie **James van Praagh** berichten von ihren Erlebnissen mit den Verstorbenen und schildern die jenseitigen Umstände des Weiterlebens, die für uns schier unfassbar sind, da wir oft auch keine irdischen Vergleiche haben. Gerade James van Praagh hat durch sein Fachwissen die bekannte Fernsehserie „Ghost Whisperer" (mit Jennifer Love Hewitt) aufwerten können, sodass diese tatsächliche Erfahrungen zeigt.

Wenn die Verstorbenen auf der anderen Seite über ihr Leben reflektieren, sehen sie, was sie gut und was sie schlecht gemacht haben. Daraus erwächst der Wunsch, einen neuen Versuch zu starten, um etwas wiedergutzumachen oder besser zu machen. Man ist bei solchen Plänen jedoch nie alleine, denn es geht ja allen Menschen so. Daher sagt man, dass die Menschen in bestimmten Seelenfamilien oder Seelengruppen wiedergeboren werden.

Sie besprechen quasi im Jenseits, was sie als Nächstes erleben wollen und legen selbst ihre Umstände fest. Wo sie zur Welt kommen, wer die Eltern sind und welche Eckpunkte sie erleben müssen. Wollen sie ein Leben in Armut, um zu erfahren, was sie vielleicht anderen angetan haben, die sie im Stich gelassen haben? Oder weil sie kein Verständnis für Obdachlose und arme Menschen gezeigt haben?

Oder wollen sie ein Leben in Reichtum, um zu lernen, dass der materielle Wohlstand sie nicht glücklich macht, sondern eigene Probleme mit sich bringt? Brauchen Sie diesen Reichtum, weil sie vorhaben, viel Gutes zu tun und das Geld für andere Menschen auszugeben, die ansonsten in vielen schwierigen Situationen chancenlos wären?

Egal, welche Überlegungen die Seelen anstellen, sie besprechen ganz genau ihr nächstes Leben und starten dann gemäß ihrem Plan noch mal neu. Währenddessen haben sie allerdings keine Erinnerung daran, sie können sich völlig auf das neue Szenario einlassen. Nur kleine Kinder können sich oft noch recht gut an das vorherige Leben erinnern und daher erzählen besonders diese von ihren früheren Erfahrungen. Leider verblassen diese Erinnerungen aber auch relativ schnell wieder. Bei Erwachsenen kommt es eher selten durch und wird häufig durch Rückführungen oder Hypnosen wieder ans Licht gebracht.

Rückführungen und Hypnosetherapie

Ein bekannter Vorreiter auf diesem Gebiet ist der amerikanische Psychiater und Hypnotherapeut **Brian Leslie Weiss**, der ursprünglich nicht an die Reinkarnation glaubte. Er begann erst, sich damit zu beschäftigen, als 1980 eine seiner Patientinnen während der Hypnose über ihre früheren Leben zu berichten begann. Seither hat er über 4000 Klienten in ihre früheren Leben zurückgeführt.

Diese Erfahrungen brachten ihn zu der Ansicht, dass eine Rückführung in frühere Leben einen therapeutischen Wert hat, da viele Phobien oder körperliche und geistige Krankheiten und Beschwerden aus früheren Leben stammen. Eine Beschäftigung damit im Rahmen der Rückführungstherapie kann einen heilenden Effekt auf diese Menschen haben. Eins seiner besten Bücher ist das 2005 erschienene „Die zahlreichen Leben der Seele: Die Chronik einer Reinkarnationstherapie." Es ist außerordentlich lesenswert.

Botschaften von höheren Wesen in Trance

Abgesehen vom Kontakt zu gewöhnlichen Verstorbenen können übrigens während der Trance- und Hypnosezustände auch Botschaften von höher entwickelten Wesen empfangen werden. Es gibt sogar Berichte über Kontakte mit Außerirdischen, die in diesem Zustand möglich waren. Beispielsweise ist die Rede davon in dem Buch „Athor. Die Geschichte eines Seelentauschs zwischen Sirius und Erde" von Evelyn Fuqua.

Unter den sehr bekannten Persönlichkeiten, die die Botschaften höher entwickelter Wesen befindet sich beispielsweise **Jane Roberts**. Alles, was sie in ihrem Trance-Zustand mit der Stimme des Wesens „Seth" von sich gab, wurde von ihrem Mann aufgezeichnet (Tonband und Video) und sie veröffentlichte es später als **„Das Seth-Material"**.

Wer sich näher damit beschäftigen möchte, kann viele Informationen auf der deutschen Webseite der Seth-Freunde finden: https://www.sethfreunde.org/cms/seth-material/seth-buecher.
Diese Bücher habe ich alle mit Begeisterung verschlungen, auch wenn sie an manchen Stellen etwas komplizierter sind.

Eine weitere bekannte Persönlichkeit ist **JZ Knight**, durch die das Wesen „Ramtha" spricht. Während Jane Roberts leider bereits verstorben ist, erfreut sich JZ Knight noch bester Gesundheit und hält Vorträge und Seminare in der von ihr gegründeten Schule **„Ramtha's School of Enlightenment"** in Yelm, Washington, USA.

Ausführliche Informationen über Ramtha finden Sie auf der Homepage von JZ Knight, sogar teilweise auf Deutsch: https://www.ramtha.com/

Wer ein wenig mehr Wert darauf legt, dass die übermittelten Botschaften christliche Hintergründe beinhalten, der wird fündig bei **Neale Donald Walsch.** Der Amerikaner war völlig am Ende, als er seinen Job, sein Hab und Gut (Brand) und seine Gesundheit (Autounfall) verloren hatte und dazu noch seine Ehe in die Brüche gegangen war. Er beschwerte sich darüber in einem Brief bei Gott, der ihm sogar antwortete. Denn in der Folge empfing er mittels *automatischem Schreiben* Informationen direkt von Gott. Dadurch entstand beispielsweise seine berühmte **Buchtrilogie „Gespräche mit Gott".**

Ausführliche Informationen über ihn finden Sie auf seiner Homepage: http://www.nealedonaldwalsch.com/

Omm Sety

Kleine Kinder erinnern sich besonders häufig an ihre früheren Leben, da es für sie noch nicht solange zurückliegt. Wobei diese Begriffe eigentlich nicht ganz korrekt sind, denn im Jenseits existiert keine Zeit. Und bis zur nächsten Wiedergeburt als Kind können theoretisch auch lange Zeitspannen von mehreren Jahrzehnten oder auch Jahrhunderten ins Land gehen.

Daher kann es für ein Kind natürlich schon 100 Jahre her sein, seit es zuletzt auf der Erde gelebt hat. Aber für die Seele, die bei einem kleinen Kind erst seit 3 oder 4 Jahren in einen Körper geschlüpft ist, ist die Erinnerung noch frischer als bei einem Erwachsenen. Ich sage „theoretisch", da viele Seelen häufig viel schneller wieder in einen Körper zurückwollen.

Wenn ein Erwachsener diese tief vergrabenen Erinnerungen hervorholen möchte, muss oft erst ein tiefer Entspannungszustand erreicht werden – durch Hypnose, Meditation oder Rückführung.

Unsere Omm Sety brauchte nichts von alldem. Sie konnte sich schon als Kind an ihr Leben im Alten Ägypten erinnern und hat diese Erinnerung nicht wie viele andere im Laufe des Erwachsenwerdens wieder verloren, sondern hat sie stets wachgehalten und ihr Leben lang darüber berichten können.

Teil 3

Das Leben und Wirken der Omm Sety

1904 – Dorothy Louise Eady wird geboren

Bei jedem historischen Bericht ist es hilfreich, sich ein Bild der Lebensumstände der damaligen Zeit zu machen. Der kurze Einblick soll natürlich nur der Orientierung dienen und nicht ausufernd dargestellt werden. In welche Verhältnisse wurde die kleine Eady hineingeboren?

Dorothy kam am 16.01.1904 in **Blackheath** zur Welt. Blackheath ist ein Stadtteil von London, der im Verwaltungsbezirk Borough of Lewisham liegt. Den Historikern ist dieser Ort möglicherweise dem Namen nach bekannt als Austragungsort der *Schlacht von Blackheath*, die am 17.06.1497 an der Brücke des Deptford Creek stattfand.

1904 war König Edward VII. an der Macht (bis 1910). Er war nicht nur König von Großbritannien und Irland, sondern auch Kaiser von Indien.

In diesem Jahr wurde die bekannte Zeitung Daily Mirror neu aufgelegt und erschien erstmals nicht mehr als Frauenzeitschrift, sondern mit einem breiteren Themengebiet und außerdem ab jetzt mit Fotos.

Die ersten elektrischen Eisenbahnen fuhren (oberirdisch) auf der Strecke von Liverpool nach Southport und die Engländer unterzeichneten ein Abkommen mit Frankreich zur Lösung ihrer Konflikte in Afrika. In diesem Jahr protestierten rund 80.000 Demonstranten im Hydepark gegen den Import chinesischer Arbeiter nach Afrika.

1904 gab es auch mehrere kulturelle Events zu feiern: das London Symphony Orchestra hatte sein erstes Konzert, das London Coliseum Theater wurde eröffnet, Peter Pan wurde uraufgeführt und zwei Fußballstadien wurden eröffnet. Außerdem startete eine britische Expedition nach Lhasa (Tibet). Ganz nebenbei hatte John Ambrose Fleming einen Durchbruch und erfand die Diodenröhre.

Dorothy war ein Einzelkind und ihre Eltern Reuben Ernest Eady (Schneidermeister) und Caroline (Frost) Eady hatten alle Hände voll zu tun, da sie ein sehr umtriebiges Kind war. Die irische Familie war sehr christlich und gehörte der unteren Mittelschicht an. Regelmäßige Kirchenbesuche waren für Dorothy und ihre Eltern obligatorisch.

1907 – Der Unfall und ihre frühe Jugend

Dorothy war zwar ein eigensinniges Kind, aber bis zum Alter von drei Jahren gab es nichts Besonderes zu berichten. Dann allerdings ereignete sich ein schrecklicher Unfall. Sie stürzte beim Spielen die Treppe hinunter.

Der Hausarzt erklärte sie für tot und sie wurde in ihr Bett gelegt. Als die Krankenschwester und die Leichenwäscher allerdings eine Stunde später dazu kamen, war Dorothy wieder bei Bewusstsein und konnte aus dem Bett aufstehen. Die Familie und der Arzt waren gleichermaßen überrascht von diesem Wunder, aber natürlich nichtsdestotrotz überglücklich.

Wie Hanny el Zeini, ein Vertrauter von Dorothy, in seinem Buch „Omm Sety's Egypt" erwähnt, hat eine entfernte Verwandte von Dorothy ihm einmal gesagt, dass die Familie vermutete, dass der alte Arzt Dorothy nur aufgrund seiner schlechten Augen und einer Fehlfunktion des Stethoskops für tot erklärt hatte.

Er verwies außerdem auf eine Information von Omm Sety selbst, die sie ihm in ihrem Traumtagebuch 1972 zukommen ließ. Darin berichtet sie, dass ihr Pharao Seti erklärt hatte, dass Verstorbene nur aus zwei Gründen auf die Erde zurückgeschickt wurden. Einmal, und das am häufigsten, um für ihre Sünden zu büßen und zum Zweiten dann, wenn sie etwas Wichtiges auf der Erde zu erledigen hätten. Seti vermutete, dass dies bei Dorothy der Fall gewesen sei. Aber den Gedanken an eine Wiedergeburt, bei der jeder Mensch immer und immer wieder geboren wurde, hielt er für falsch.(Omm Sety's Egypt Seite 10 und 11).

Danach wurde die Situation allerdings seltsam, denn danach schien es, als hätte sich ihr ganzes Wesen verändert. Sie verhielt sich eigenartig und bat ihre Eltern ständig darum „nach Hause" gebracht zu werden.

Sie begann ihre Eltern regelrecht damit zu nerven, dass sie darauf bestand, in Ägypten geboren worden zu sein. Und dahin wollte sie zurück. Dorothy konnte sich an immer mehr Details aus ihrem früheren Leben erinnern und glaubte sogar, dass sie nachts in ihrem Astralleib die alten Tempel in Ägypten besuchte.

Nachdem sie in einer Kinderenzyklopädie und einer Zeitschrift die ersten Bilder von Ägypten und dem Tempel gesehen hatte, wunderte sie sich allerdings darüber, dass dieser Tempel auf den Bildern eine Ruine war und die Gärten fehlten.

Denn sie bestand darauf, dass die Tempel, genau wie in ihren Träumen und Visionen, von Gärten und Bäumen umgeben gewesen seien. Sie hätte dort gelebt, da sie eine Isis-Priesterin im Tempel von Abydos gewesen sei. Sogar ihren damaligen Namen gab sie an: Bentreshyt („Harfe der Freude"). Als Priesterin diente sie unter der Regierung von Pharao Seti I.

Zu den Visionen und ihrem Leben als Bentreshyt kommen wir gleich noch ausführlicher.

Die kleine Dorothy hatte aufgrund ihrer Visionen und ihrem immer intensiveren Eintauchen in ihr vergangenes Leben eine schwere Jugend und Schulzeit. Bei der Beschäftigung mit dem Alten Ägypten und ihrem Leben als Isis-Priesterin lehnte sie zunehmend die christliche Religion ab, da sie sich den alten Riten viel stärker verbunden fühlte. Damit stieß sie in ihrer Sonntagsschule nicht auf Gegenliebe.

Die Mädchenschule von Dulwich ließ ihre Eltern zu einem Gespräch kommen, bei denen den überforderten Eadys erklärt wurde, dass die kleine Dorothy stets die heidnische Religion Ägyptens mit dem Christentum verglich und sich auch weigern würde, christliche Hymnen zu singen, die sich darauf bezogen, die schwarzen Ägypter zu verfluchen.

In die Kirche ging sie jedoch nach wie vor sehr gern, weil sie die katholische Messe angeblich an ihre damalige ägyptische Religion erinnerte. Doch auch davon wurde sie nach einem Besuch des Priesters bei ihren Eltern ausgeschlossen. Durch ihr Verhalten verunsicherte Dorothy ihre Mitschüler und ihre Umgebung. Doch das hielt sie nicht davon ab, weiterhin dem Glauben an „ihre" alten Götter anzuhängen.

Foreign Accent Syndrome
(Fremdsprachen-Akzent-Syndrom, FAS)

Es wird auch davon berichtet, dass sie seit ihrem Unfall am Fremdsprachen-Akzent-Syndrom litt. Diese neurologische Erkrankung tritt nur selten auf und kommt ab und zu nach einem Schlaganfall oder einer Schädelverletzung vor. Dabei ändert sich die Sprachmelodie der betroffenen Person, was für den Gesprächspartner jedoch wie eine Fremdsprache oder ein Akzent wirkt.

Die Wissenschaft ist zu dem Schluss gekommen, dass der seltsame Akzent beziehungsweise die veränderte Sprachmelodie von einer Schädigung des Sprachzentrums herrührt. Und nach Dorothys schwerem Sturz wären die Voraussetzungen hierfür durchaus gegeben.

Allerdings hatte diese Veränderung neben der veränderten Verhaltensweise noch weitere Auswirkungen auf Dorothy. Denn da sie ab jetzt völlig anders sprach und dies nicht ändern konnte, reagierten die Leute seltsam auf sie – was sie natürlich mitbekam. Dieser Umstand zusammen mit dem Unverständnis der anderen

Kinder und ihrer Lehrer und der Ausschluss aus der Kirche waren für das kleine Mädchen nur schwer zu verkraften.

1908 – Der schicksalshafte Besuch im Britischen Museum

Dorothys Besessenheit verschlimmerte sich noch, als sie mit ihren Eltern im Jahr 2008 das Britische Museum besuchte.

Das Britische Museum entstand 1753 mit einer vom Wissenschaftler Sir Hans Sloane gespendeten Literatur- und Kunstsammlung und ist heute eines der größten und bedeutendsten Museen der Welt. Nach seiner Eröffnung im Jahr 1759 expandierte es derart, dass ein Umzug in ein neues, größeres Gebäude notwendig wurde, das 1850 neu eröffnet wurde. Unter den über 8 Millionen Objekten aus der gesamten Kulturgeschichte befinden sich viele ägyptische Mumie und der berühmte Stein von Rosette oder Rosetta.

Sie war völlig begeistert von der ägyptischen Abteilung, wo sie sich intensiv die Artefakte anschaute und schließlich sogar völlig außer sich vor Freude die Füße der Statuen küsste. Den Eltern war das Verhalten ihrer Tochter nicht nur suspekt, sondern auch hochgradig peinlich.

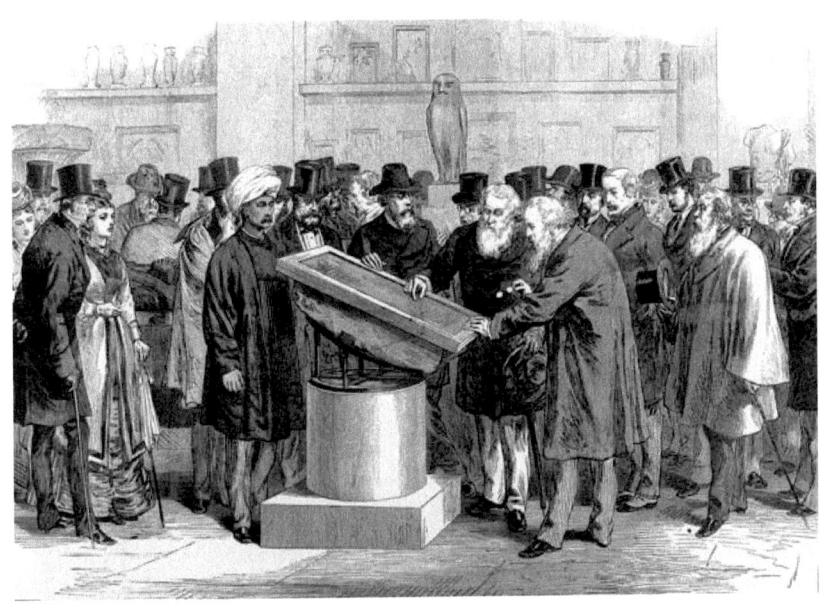

Experten betrachten den Rosettastein während des Internationalen Kongresses der Orientalisten 1874 (Wikipedia, gemeinfrei)

Die Berichte über die Vorfälle im Museum weichen je nach Quelle voneinander ab. Manche berichten lediglich, dass die Eltern das hysterische Kind sofort von den Ausstellungsgegenständen wegzerrten und das Museum verließen. Andere Quellen berichten weitere unterschiedliche Details.

Sie sagen, dass die Eltern verständlicherweise von diesen merkwürdigen Ausbrüchen ihrer Tochter völlig entgeistert versuchten, das kleine Mädchen von den Statuen zu trennen. Doch sie setzte sich schließlich an die Fußseite einer Vitrine, in der sich eine ägyptische Mumie befand, und weigerte sich, wegzugehen. Sie bestand darauf, dass dies „ihr Volk" sei und sie bleiben wollte. Außerdem schrie sie mit einer ungewohnten, alten Stimme und in einer fremden Sprache, die die Eltern schockierte.

Auch der Augenblick, in dem Dorothy das erste Mal darauf bestand, dass der Tempel von Abydos ihr wahres Zuhause sei, wird unterschiedlich überliefert. Die einen sagen, dass dies im Museum stattfand, andere sagen, dass sie die Bilder erst später (auch hier sind wieder verschiedene Quellen angegeben) zu Gesicht bekam. Ich berichte der Vollständigkeit halber beide Versionen:

Im Museum war auch ein Foto des Tempels von Abydos ausgestellt. Dorothy war völlig verzückt und berichtete ihren Eltern, dass dies hier ihr Zuhause sei. Aber sie war auch völlig überrascht, dass es hier keine Bäume und Gärten gab, denn sie erzählte, dass sie sich sehr gut an diese erinnern könnte.

Der Tempel gehörte Pharao Seti I, dem Vater von Ramses – und wie sich später herausstellen sollte, ihrem angeblichen Geliebten in ihrem früheren Leben. In der Ausstellung erwähnte sie ihren Eltern gegenüber jedoch nur, dass sie Seti I persönlich kennen würde und dass er ein freundlicher alter Mann sei.

Ägypten – Tempel von Seti I. in Abydos. Fotografiert von William Henry Goodyear (1846-1923). Brooklyn Museum Archives, Goodyear Archival Collection (S03_06_01_018 image 2401)

Andere Berichte erwähnen, dass Ihre Verwunderung über den bekannten Tempel und den fehlenden Garten ihre Reaktion auf Fotos in einer Zeitung, einer Kinderenzyklopädie und einem Bilderbuch gewesen sei, insofern weichen die Berichte voneinander ab. Es ist aber nicht ausgeschlossen, dass sie von da ab einfach bei jeder Gelegenheit darauf hinwies, dass „dies" (also der Tempel) ihre ehemalige Heimat war.

Hanny el Zeini verweist in seinem Buch „Omm Sety's Egypt" darauf, dass die kleine Dorothy die Bilder in einer Zeitung sah, die ihr Vater gekauft hatte. Darin war ein Foto des halb vergrabenen Seti-Tempels von Abydos mit einer Art Teich davor. Und diesen Ort hätte Dorothy sofort wiedererkannt. Daraufhin erklärte sie ihren Eltern, dass das ihr wahres Zuhause sei.

Da Hanny el Zeini in späteren Jahren ein enger Vertrauter von Dorothy war, dem sie auch jährliche ihre Traumtagebücher mit den Visionen und Erinnerungen an Ägypten schickte, ist im Zweifelsfall seinem Bericht der Vorzug zu geben, da er seine Informationen direkt von Dorothy bekam.

Nach diesem Erlebnis träumte sie fast jede Nacht von den Säulenhallen des Tempels und der zugehörigen prächtigen Vegetation – die der Gärten, an die sie sich so gut erinnern konnte. Sie nutzte jede Chance, um das Museum zu besuchen, und sich in der ägyptischen Abteilung aufzuhalten. Außerdem bestand sie immer öfter darauf, dass ihre Eltern sie doch bitte nach Hause bringen sollten.

Im Anschluss an den denkwürdigen Ausflug ins Museum veränderte sich ihr Verhalten erneut und sie wurde nervös und zog sich immer öfter zurück, versteckte sich sogar hinter oder unter den

Möbeln. Bemerkenswert war auch ihr zunehmend seltsames Verhalten beim Anblick verschiedener ganz alltäglicher Gegenstände.

Sie bestaunte Dinge, die sie bereits kannte, als hätte sie sie nie zuvor gesehen und wäre sich nicht sicher, was sie zu bedeuten hätten oder wozu sie gut waren. Nebenbei kapselte sie sich immer mehr ab und wurde deprimiert.

Sie hatte keine Geschwister und ihre Schulkameraden verstanden das kleine Kind und ihr Verhalten nicht. Dorothy wollte auch nicht mit Puppen spielen, sondern interessierte sich nur für Ägypten und Tiere. Ihre Mutter war nicht mehr damit zu überraschen, welches verwaiste Tier sie als nächstes nach Hause schleppte. Täglich brachte sie irgendwelche herrenlose Tiere wie wilde Kaninchen, Eidechsen, Frösche oder Schlangen mit.

Außerdem entwickelte sie ein ausgesprochenes Gerechtigkeitsgefühl. Sie soll sich als Kind in eine Schlägerei zwischen zwei erwachsenen Männern eingemischt haben, und mit dem geliehenen Hockeyschläger eines Passanten auf den Größeren losgegangen sein, um dem Schwächeren zu helfen. Entsetzt zog sie der Mann, von dem sie den Schläger genommen hatte, von den Streithähnen weg und brachte sie in Sicherheit.

Es ist also unschwer zu verstehen, dass andere Kinder sich von ihr fernhielten und auch Erwachsene sie, gelinde gesagt, als sehr seltsames Mädchen betrachteten. Ihre einzige und engste Vertraute war ihre jüngste Tante, die nur ein paar Jahre älter war als sie selbst und die auch bei den Vorfällen im Museum dabei gewesen war. Sie fand Dorothys Ansichten und Ideen allerdings höchst faszinierend.

Aber das alles schien ihr, trotz ihrer Einsamkeit, relativ egal zu sein, denn lieber beschäftigte sie sich in jeder freien Sekunde mit dem Studium des Alten Ägyptens. Als sie die ersten Bilder von Hieroglyphen sah, erzählte sie ihrer Mutter ganz aufgeregt, dass sie diese Sprache kannte, aber völlig vergessen hatte. Sie war geradezu „besessen" von ihrem „echten Zuhause".

Abydos – von Kurt Diedrich © 2019

Als sie ein wenig älter war, mit etwa 10 Jahren, begann sie auch alleine regelmäßig das Britische Museum zu besuchen. Zum Glück wohnte sie in der Nähe und konnte dies auch ohne die Hilfe ihrer Eltern bewerkstelligen. Oft schlich sie sich zu diesem Zweck sogar aus der Schule. Ganz zum Leidwesen ihrer Eltern, denn besonders ihr Vater hoffte, dass seine eigensinnige Tochter doch noch mithilfe einer ordentlichen Ausbildung auf den rechten Weg finden würde.

Während ihres Aufenthalts und ihrer Studien im Museum lernte sie den berühmten Ägyptologen **E. A. Wallis Budge** (1857-1934) kennen, der seit 1883 im Museum beschäftigt und zu diesem Zeitpunkt Kurator und zuständig für die Ägyptische Abteilung war.

Sir Budge reiste häufig nach Ägypten und brachte von dort alte Papyri und Keilschrifttafeln mit. Er veröffentlichte viele berühmte Bücher über Ägypten, die alte Religion und die Hieroglyphen. Auch die Übersetzungen des Buches des Toten (meist „Ägyptisches Totenbuch" genannt) und des Buches der Könige stammen von ihm. Seine Leistungen waren weltweit anerkannt und sein Spitzname war „Vater der Altertümer". 1920 wurde er für seine Verdienste geadelt.

Er war bekannt dafür, besonders freundlich zu sein und auch die jungen Besucher über Ägypten zu unterrichten. Budge bemerkte das kleine Mädchen, das praktisch ständig im Museum anzutreffen war, und erkannte Dorothys Talent. Daher ermunterte er sie, sich intensiver mit den Hieroglyphen und der Geschichte des Alten Ägyptens zu beschäftigen.

Sir Sir Ernest Alfred Thompson Wallis Budge (so sein voller Name) unterrichtete sie sogar persönlich und sie übersetzte mit seiner Hilfe auch Teile des **Ägyptischen Totenbuchs**.

Szene aus dem „Buch der Toten", Britisches Museum.
(Wikipedia, gemeinfrei)

Das heißt, er ließ sie die Hieroglyphen kopieren und übersetzen, und wenn sie alles richtig machte, bekam sie als Belohnung Schokolade. Sie erinnerte sich stets, auch im hohen Alter, voller Zuneigung an ihren Tutor, der ihr alles Wichtige beigebracht hatte, was es über Ägypten zu wissen gab. Besonders interessant fand sie die ägyptische Religion und die Magie („heka").

1914 begann der Erste Weltkrieg und Dorothy konnte nur noch bis 1916 mit ihrem Mentor im Museum arbeiten. Denn 1916 fielen die ersten Bomben auf England und ihre Eltern brachten sie auf die Farm ihrer Großmutter nach Sussex in Sicherheit. Zu bleiben hätte ohnehin keinen Sinn gemacht, da die Behörden vorsichtshalber auch das Museum schlossen.

Bei ihrem Abschied nahm der großväterliche Wallis Budge dem kleinen Mädchen das Versprechen ab, auch in Sussex fleißig weiter zu lernen. Sie versprach es eifrig und auf seine Rückfrage hin, warum sie denn so wild darauf wäre, das alles zu wissen, erklärte sie ihm, dass sie das alles bereits früher gewusst, aber leider vergessen hätte.

Diese Antwort gab sie immer wieder, wenn jemand sie danach fragte, warum sie sich so leicht darin tat, die Hieroglyphen zu lernen, und zwar in einer Geschwindigkeit, für die andere Studenten Jahre brauchten. Sie verwies dann stets darauf, dass sie die Hieroglyphen gar nicht lernen müsse, sondern sich nur an sie erinnern, da sie diese alte Sprache früher bereits beherrscht hätte.

Skeptiker könnten hier ansetzen, um darauf zu verweisen, dass sie sich durch den Unterricht bei E. A. Budge ein umfassendes Wissen aneignete, das sie im Verlauf ihres späteren Lebens als Reinkarnationserfahrungen hatte ausgeben können.

Ab 1916 – Teenagerjahre und frühe Zwanziger

Mit Begeisterung studierte Dorothy auch auf der Farm ihrer Großmutter fleißig die Geschichte des Alten Ägyptens. Dazu musste sie allerdings wöchentlich oder alle zwei Wochen mit dem Pferd nach **Eastbourne** in die Stadtbibliothek reiten, um sich dort mit Material einzudecken. Das Pferd und sie hatten gleich von Anfang an eine enge Verbindung, und obwohl es bereits einen Namen hatte, taufte sie es nach dem Lieblingspferd von Ramses II um in „Mut Hotep".

Abgesehen von den vielen Büchern ihres Mentors, die sie sich dort auslieh, war sie besonders begeistert von den Werken von **Sir William Flinders Petrie** (1853-1942). Petrie hatte schon mit 19 Jahren zusammen mit seinem Vater das englische **Stonehenge** vermessen und ein Buch darüber verfasst. Dorothy war trotz aller Zuneigung zu ihrem Mentor noch viel mehr angetan von Petries Ansichten, Forschungsergebnissen und Funden. Das betonte sie auch im hohen Alter ihrem Freund Hanny el Zeini gegenüber. Ihre Liebe zur ägyptischen Religion und Magie war jedoch stets mit E. A. Budge verknüpft.

Für seine Ausgrabungen und Arbeiten als Archäologe musste er sich um Spendengelder und Sponsoren bemühen, da Archäologen damals noch nicht von der Regierung finanziert wurden. Er war an Ausgrabungen in **Amarna** beteiligt, und als er nach dem Ende des Ersten Weltkriegs 1919 wieder mit seiner Frau nach Ägypten reiste, arbeitete er beispielsweise ab 1921 an den Gräbern von **Abydos** – dem wichtigsten Platz der Welt für die kleine Dorothy.

Während ihres Aufenthalts auf der Farm entwickelte sie weitere Vorlieben und seltsame Fähigkeiten. Zum einen befreundete sie sich mit einer Gruppe von Zigeunern und natürlich auch deren Pferd, das dieselbe spontane Zuneigung zu dem kleinen Kind entwickelte, wie schon das Pferd ihrer Großmutter. Sie war untröstlich, als sie entdeckte, dass ihre neuen Freunde plötzlich ohne Vorankündigung und ohne Abschied weitergezogen waren.

Der Pakt mit den Schlangen

Außerdem knüpfte sie hier in **Sussex** die ersten freundschaftlichen Bande zu Schlangen. Sie erzählte Hanny el Zeini, dass sie eines Tages eine Giftschlange davor rettete, von einem Mann erschlagen zu werden. Bevor er das Tier töten könnte, schnappte sie es und rannte damit weg. Dann setzte sie sich irgendwo hin und nahm die Schlange auf den Schoß, wo sie sie tätschelte und mit ihr spielte.

Ein Zigeuner fand sie dort und erklärte ihr, wenn sie die Schlange auf den Kopf küssen würde und schwören, niemals eine Schlange zu verletzen, so würde auch niemals eine Schlange ihr etwas antun. Den Rat setzte sie auch sofort um, wenn ihr auch nicht klar war, wie die englische Schlange alle anderen Schlangen weltweit über diesen Pakt informieren konnte.

Aber sie wurde in der Tat niemals von einer Schlange gebissen. Sie wurde dafür während ihres Aufenthalts in Ägypten mehrfach von Skorpionen gestochen, was aber beinahe spurlos an ihr vorüberging. Hanny el Zeini gegenüber äußerte sie einmal die Meinung, dass sie wohl immun sei gegen das Skorpiongift.

Visionen vom Krieg

Dorothy war in Sussex vom Krieg weitgehend unbehelligt und die einzige Begegnung damit hatte sie, als unweit der Stadt eine nicht detonierte deutsche Bombe gefunden wurde. Sie wollte sie sich anschauen, wurde aber verständlicherweise vom Militär vor Ort fortgejagt. Dennoch entwickelte sie danach seltsame Visionen über den Krieg. Sie sah im Traum die Ereignisse an der Front ganz klar und erlebte hautnah mit, was ihren Freunden dort geschah.

Sie sah, wie Ralph in der *Schlacht an der Somme* bei einer Explosion getötet wurde und Robert ein Bein verlor. Ralph kam nie zurück, Robert wurde einige Wochen später mit nur einem Bein nach Hause gebracht. Eines Nachts wachte sie hysterisch kreischend aus einem Traum auf, bei dem sie quasi dabei war, als das deutsche Kriegsschiff *Graf Spee* ein britisches Schiff versenkte. „Verlasst das Schiff, verlasst das Schiff! Wo sind die Rettungsboote", schrie sie so laut, dass die alarmierte Haushälterin sofort in ihr Schlafzimmer rannte, wo sie das völlig aufgelöste Mädchen schreiend im Bett vorfand.

An dieser Stelle wird klar, dass Dorothy vermutlich über hellsichtige oder spirituelle Fähigkeiten verfügte. Und man kann sich daher erneut fragen, ob ihre Reinkarnationserinnerungen gar nicht ihre eigenen waren, sondern ob sie dank ihrer besonderer Gabe die Erinnerungen fremder Personen empfangen konnte oder sich auf eine andere Weise mittels ihrer Fähigkeiten in die Vergangenheit einklinken konnte.

Die Gabe wäre natürlich etwas ganz Besonderes, hätte aber leider nichts mit einer Reinkarnation zu tun. Vielfach tauchen Berichte von Menschen auf, die nach einem Nahtoderlebnis plötzlich über übersinnliche Fähigkeiten verfügen. Als hätte sich ein Schleier gelüftet. Eine solche Erklärung könnte also durchaus bei Dorothy Eady auch herangezogen werden.

Zurück in London – Seti erscheint

Nach Kriegsende kehrte sie nach Hause zurück. Dort hatte sie im Jahr 1918 schließlich eine Erscheinung von Pharao Seti I, der sie nachts besuchte – allerdings als Mumie. Sie konnte genau seine Gestalt beschreiben, die wie eine Mumie gewickelt war. Nur die Arme und das Gesicht waren frei von den Leinenbinden. Sein Gesicht war das eines Toten, aber die Augen waren voller Leben und starrten sie an.

Sie sagte später, dass die Augen aussahen wie die eines Menschen, der in der Hölle gefangen war und plötzlich einen Ausweg gefunden hatte. Sie war zwar erschrocken, aber gleichzeitig freute sie sich, ihn zu sehen. Als er schließlich ihr Nachthemd ergriff und vom Saum zum Hals aufriss, schrie sie auf. So laut, dass ihre Mutter ins Zimmer stürmte. Damals wollte sie nichts von ihrem Erlebnis preisgeben und behauptete daher, das Nachthemd selbst zerrissen zu haben.

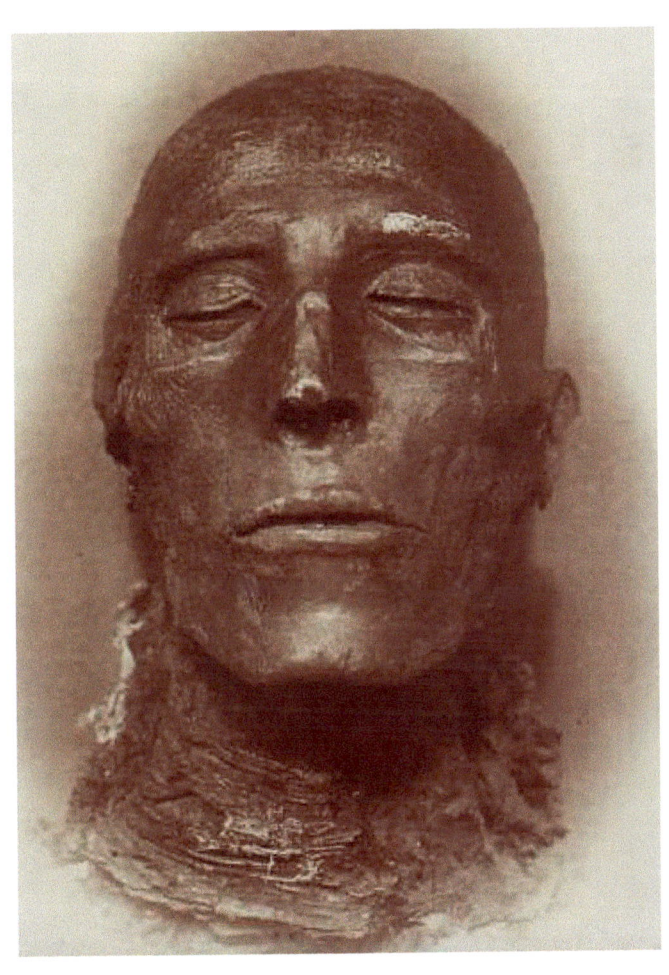

*Kopf der Mumie von Seti I,
Foto: 1889, Emil Brugsch (1842-1930)
(Wikipedia, gemeinfrei).
Seti I lebte ungefähr 1323 – 1279 v. Chr.
und herrschte von 1290-1279 v.Chr.
während der Zeit des Neuen Reiches.*

Ab diesem Zeitpunkt hatte sie immer wieder Träume, in denen sie sich selbst als junges Mädchen im Alten Ägypten sah. Es kehrten immer mehr Erinnerungen zurück, die jedoch begleitet waren von Unruhe, Schlafwandeln und Albträumen. Aufgrund ihrer merkwürdigen Berichte und ihres Gesamtzustandes beschlossen die Eltern, sie zur Beobachtung in ein Sanatorium einzuweisen. Doch mehrere Aufenthalte dort verliefen ergebnislos, das heißt ohne besondere Diagnose.

Skeptiker werfen an dieser Stelle ein, dass intime Träume mit einem Mann für ein pubertierendes Mädchen nichts Ungewöhnliches sind. Und aufgrund ihrer Liebe zu Ägypten konzentrierten sich ihre Fantasien auf Pharao Seti I. Ob der Anblick einer vertrockneten, toten Mumie allerdings wirklich eine erotische Wirkung auf Teenagermädchen hat, ist zweifelhaft.

Dorothy erklärte, dass der Pharao sie dazu gebracht hatte, sich deutlicher an ihr früheres Leben als Isispriesterin im Abydos-Tempel zu erinnern. Dies war auch der Grund, warum sie sich zunehmend von der christlichen Religion ab- und der heidnischen Religion des Alten Ägyptens zuwandte.

Alles, was für sie zu dem Zeitpunkt wichtig war, war ihr „echtes" Leben in Ägypten. Daher bemühte sie sich auch später (bis sie mindestens 26 oder 27 war), Seti wieder zu begegnen. Sie unterhielt sich mit Leuten aus spiritistischen Zirkeln, die ihr jedoch sagten, dass es sich dabei um einen bösen Geist und nicht um Seti handeln würde. Doch sie hörte nicht auf sie.

Mit 16 verließ Dorothy die Schule und verspürte keinerlei Lust dazu, eine Universität zu besuchen. Sie blieb zu Hause und vertiefte dort ihre ägyptischen Studien. Dann kam ihr der Zufall zu Hilfe und ebnete ihr neue Wege.

Ihr Vater, der Schneidermeister, hatte nämlich künstlerische Ambitionen, die er verfolgen wollte. Er hatte schon als Jongleur und Magier auf der Bühne gestanden und träumte davon, ein eigenes Theater zu eröffnen. Also schloss er sein Geschäft und verkündete der Familie, dass sie sich aufmachen würden, um einen geeigneten Ort für seine Pläne zu finden.

Aus diesem Grund reisten sie durch England und besuchten dabei auch einige historische Stätten, was Dorothy sehr spannend fand. Darunter war auch das berühmte **Stonehenge**, das ihr Vorbild Flinders Petrie einst vermessen hatte. Prompt fand sie dort in der Erde auch Reste von ägyptischen Perlen. Anscheinend hatten vor ihr bereits einige Besucher Reste ägyptischer Perlen gefunden – ein Hinweis auf **frühere Handelskontakte zwischen Ägypten und England**. Sie nahm ihre Funde mit und verstaute sie sorgfältig in einer kleinen Schachtel.

Erste realistische Darstellung von Stonehenge, Aquarell von Lucas de Heere zwischen 1573 und 1575. (Wikipedia, gemeinfrei)

Während ihrer Reise auf der Suche nach einem neuen Wohn- und Wirkungsort musste sie nicht einmal ihre Studien unterbrechen, da sie sich überall in Bibliotheken und Museen weiterbilden konnte. Ihr Verlangen, endlich nach Abydos zurückzukehren, wurde immer größer. Das war umso erstaunlicher, da 1920 eher die spektakulären Stätten wie Theben, Gizeh, Memphis oder Dendera bekannt waren. Kaum jemand wusste überhaupt von Abydos, nicht einmal die Ägypter selbst!

War sie durch ihr Idol und Vorbild Flinders Petrie auf diesen Gedanken gekommen? Er hatte 1921 mit der Arbeit in Abydos begonnen, und da sie sein Wirken verfolgte, könnten Skeptiker darauf verweisen, dass sie sich aus diesem Grund auf Abydos versteifte und auch Kenntnis von dieser Ausgrabungsstätte besaß.

Schließlich ließ sich die Familie im Küstenstädtchen **Plymouth** nieder, wo Reuben Eady sein erfolgreiches *New Palladium Theater* eröffnete. Dort zeigte er Stummfilme und führte Theaterstücke auf, die er selbst geschrieben hatte. Auch Dorothy musste darin auftreten, tat dies allerdings mit wenig Begeisterung.

In einer Aufführung übernahm sie die Rolle der Isis in der Geschichte von Isis und Osiris, was sie mit viel Enthusiasmus tat. Sie hielt sich dabei auch nicht an das Skript, sondern sprach ihren eigenen („echten") Text, der bei den Mysterienspielen im Alten Ägypten dafür verwendet worden war.

Mit Mitte 20 hatte sie noch immer keinen genauen Plan, was sie mit ihrem Leben anfangen sollte, wobei sie immerhin eine Weile am 1856 gegründeten *Plymouth College of Art and Design* (heute nur noch Plymouth College of Art), einer heute noch renommierten Kunsthochschule, studierte.

Ihre mittlerweile erworbenen Fähigkeiten bei der Übersetzung der Hieroglyphen und ihr Verständnis für die Geschichte ihres geliebten Ägyptens waren bemerkenswert für eine Frau mit einer relativ geringen Schulbildung.

Begegnung mit ihrem künftigen Mann

Mit 26 Jahren engagierte sie sich politisch für die Freiheitsbewegungen in Irland und Ägypten.

Zu dieser Zeit befanden sich viele ägyptische Studenten an den Universitäten in England und zwei Freunde, George Wissa und **Emam Abdel Meguid,** studierten in London, wo sie auch politisch aktiv waren.

Mit 27 kehrte Dorothy ohne Zustimmung ihrer Eltern alleine nach **London** zurück und nahm eine Stelle bei einer ägyptischen Zeitschrift an, für die sie Artikel schrieb und Cartoons zeichnete, um damit ihre Unterstützung eines unabhängigen Ägyptens zum Ausdruck zu bringen. Sie war von der Arbeit begeistert, weil sie dabei von Menschen umgeben war, denen ihr geliebtes Ägypten ebenso am Herzen lag, wie ihr selbst.

Während ihrer Arbeit bei der Zeitschrift lernte sie ihren zukünftigen Mann Emam Abdel Meguid kennen. Dorothy war damals, nach Aussagen eines ihrer Professoren, eine wunderschöne junge Frau, blond und blauäugig. Emam war wohl ehrlich verliebt in die schöne junge Dorothy, während ihr Herz immer noch an Seti hing.

Emams Freunde, besonders George, rieten ihm von dieser Liaison ab, da es kaum vorstellbar war, wie eine so rebellische und sonderbare junge Frau in die ägyptische Gesellschaft und Familie des Verliebten passen sollte. Doch er schlug alle Einwände in den Wind und sie verlobten sich im Frühling 1933, kurz bevor er England verließ, um eine Stelle als Lehrer in Ägypten anzutreten.

Sie hätten freilich sofort heiraten können, aber waren sich einig, dass eine islamische Zeremonie in Kairo passender wäre und außerdem Emams Familie mit einschließen konnte. Leider konnte Dorothy nicht sofort mit ihrem Verlobten ausreisen, da sie zuerst auf ein Visum warten musste. Dieses zog sich fast das ganze Jahr hin und sie hatte zudem Probleme, ein Schiff zu finden, auf dem sie eine freie Passage buchen konnte.

Schließlich musste sie hastig aufbrechen und auf einem Schiff mit Zielhafen Bombay über Port Said lossegeln. In der Hektik konnte sie sich nicht einmal bei ihrem großväterlichen Freund Sir Wallis Budge verabschieden. Er wunderte sich ein Leben lang, wo sie war und warum sie sich nicht mehr gemeldet hatte. Später trug er zwei anderen Professoren auf, nach ihr zu suchen und viele Jahre später fanden sie sie tatsächlich auch in Ägypten.

Auch ihre Eltern wurden nur kurz von ihr über ihre Pläne informiert und zu sagen, dass sie wenig begeistert waren, wäre noch untertrieben. Die Tochter würde einen für sie wildfremden Mann heiraten und nach Ägypten auswandern? Trotzdem verabschiedeten sie sie im Oktober 1933, als sie in Southampton lossegelte. Sie reisten nicht mit und nahmen auch nicht an der Hochzeit teil. Dafür besuchten sie Dorothy später.

(In manchen Quellen wird das Datum der Hochzeit auf 1931 oder auch 1932 festgelegt, ich habe hier die verlässlicheren Daten von Hanny el Zeini übernommen, der immerhin alle Berichte aus erster Hand von Dorothy hat – und sie wird ja am besten wissen, wann sie sich verlobt und wann sie geheiratet hat).

1933 Hochzeit und Umzug nach Ägypten

Ihre Reise zurück „nach Hause" stand unter keinem guten Stern. Es war schon schwer genug gewesen, ein Schiff zu finden, doch aufgrund eines Maschinenschadens musste es in Marseille anlegen, um repariert zu werden.

Schlechter Start

Sie würde also nicht pünktlich in **Port Said** ankommen, um dort von ihrem Verlobten abgeholt werden zu können. Und sie hatte keine Möglichkeit, ihn zu informieren. Der Kapitän konnte ihr zum Glück helfen und sie in Marseille auf einem französischen Luxusliner unterbringen, der *„Esperia"*, mit der sie mit nur einem Tag Verspätung in Port Said landete.

Ihr Verlobter war schon in großer Sorge, da er pünktlich mit dem Zug von Kairo nach Port Said gekommen war, nur um dann zu erfahren, dass ihr Schiff technische Probleme hatte und niemand wusste, wo sie sich derzeit aufhielt. Zum Glück informierten ihn die Behörden später an jenem Tag über die Ankunft mit dem Ersatzschiff, sodass das Paar sich endlich wieder in Armen halten konnte.

Als Dorothy schließlich an Land ging, fiel sie zuerst ihrem Verlobten in die Arme, dann jedoch auf die Knie, wo sie zum Erstaunen der Umstehenden den Boden küsste und den alten Göttern dankte. Emam war peinlich berührt, sie hatte vor Freude sogar ihren Blumenstrauß fallen lassen, den er ihr zur Begrüßung übergeben hatte und den er jetzt unter den starrenden Blicken der Menschen Blume für Blume wieder aufsammelte. Sie entschuldigte sich für ihr Verhalten, aber sie war überglücklich, endlich „zu Hause" zu sein.

Den Behörden war das seltsame Verhalten ebenfalls nicht entgangen und so wurden erst alle ihre Taschen genau durchsucht, bevor man ihr erlaubte, einzureisen. Ihren Verlobten hatte sie damit in große Verlegenheit gebracht und er begann vermutlich zu ahnen, was er sich mit dieser Frau eingebrockt hatte.

Dorothy war glücklich. Doch das **Kairo** der 1930er Jahre war nicht jenes, das sie in ihren Visionen gesehen hatte. Es war laut und überfüllt, stand unter britischer Besatzung und beinhaltete Menschen aus über 20 Nationen – was sich auch an den Straßenschildern zeigte, die neben Ägyptisch unter anderem auf Griechisch, Hebräisch, Englisch und Französisch verfasst waren.

Das Paar lebte zunächst im Haus der Schwiegereltern, einem schönen, großen, zweistöckigen Gebäude. Und die Braut wurde von der Familie des Bräutigams herzlich empfangen. Von ihnen erhielt sie auch ihren Spitznamen **„Bulbul"** (Nachtigall) wegen ihrer schönen Stimme.

*Kairo(Kalaun Moschee) im 19. Jahrhundert.
Ölgemälde von Georg Macco (1863–1933) (Wikipedia, gemeinfrei)*

Erste Probleme

Die ersten paar Tage verliefen unspektakulär. In den drei Wochen bis zur Hochzeit zeichnete sich jedoch für die beiden Liebenden bereits ab, dass diese Verbindung keinen Bestand haben würde. Um seiner zukünftigen Gattin einen Gefallen zu tun, begleitete Emam sie zu den Pyramiden und ins Museum.

Dorothy war begeistert, aber ihr Verlobter interessierte sich überhaupt nicht für diese Dinge und war total gelangweilt. Die Lage spitzte sich auch weiter zu, als nach und nach die Inkompatibilität der umtriebigen Engländerin mit den konservativen Ägyptern zutage trat.

Nach der Hochzeit wurde von dem Paar erwartet, zunächst mindestens für ein Jahr im Haus der Schwiegereltern zu wohnen, bevor sie einen eigenen Hausstand gründeten. Außerdem sollte bis Ende des Jahres ein Stammhalter geboren werden.

Zehn Tage nach der Hochzeit nahm das Drama bereits seinen Lauf. Emam und sein Vater mussten zur Arbeit und die Schwiegermutter sprach kein Englisch. Dorothy war gelangweilt und wollte etwas von Ägypten sehen.

Sie wusste, dass man von ihr in ihrer neuen Rolle erwartete, um Erlaubnis zu bitten, ausgehen zu dürfen oder zumindest jemanden darüber zu informieren, dass sie das Haus verließ und wo sie hinging. Doch sie tat nichts dergleichen und begab sich einfach auf Entdeckungstour – wenn auch mit einem schlechten Gewissen.

Angezogen von einem Zigeuner-Festival, um das sich die Ägypter nicht scherten, brachte sie sich gleich in Gefahr, als sie einem der Zigeuner die Peitsche abnahm, mit der er seinen dressierten Affen schlug, weil dieser das geforderte Kunststück nicht ausführen wollte. Zum Glück wurde sie von einem einheimischen Jungen und einem anderen Zigeuner vor der Wut des bloßgestellten Mannes gerettet.

Ihr Verhalten wurde mit Verwunderung und Empörung quittiert. Was fiel dieser englischen Frau nur ein, sich so aufzuführen? Ihr Mann und ihr Schwiegervater waren weder von ihrem Verhalten noch vom Ausflug und noch viel weniger von dem Erlebnis mit dem Zigeuner begeistert und rügten sie aufs Schärfste. Ein weiterer Punkt, an dem ihr Mann zu knabbern hatte.

Eigener Hausstand und noch mehr Schwierigkeiten

Schließlich beschloss Emam, nach **Manya el Roda** zu ziehen, was Dorothy überhaupt nicht passte, denn sie wollte nicht aus der spannenden Umgebung von Kairo wegziehen. Doch sie hatte keine Wahl. Ihr Mann fand nach dem Umzug schnell Freunde, doch sie sprach kein Arabisch (sie tat sich extrem schwer damit, diese Sprache zu lernen) und hatte mit den braven ägyptischen Nachbarsfrauen nichts gemeinsam.

Ein nächstes Ärgernis für ihren Mann war ihre absolute Talentfreiheit, was das Kochen und den Haushalt betraf. Sie konnte es einfach nicht. Und auch wenn sie peinlich genau die Zutaten abwog (sie hatte sich ein Kochbuch zur Unterstützung gekauft), ging regelmäßig etwas schief, weil sie nebenbei die Nase immer in ein Buch steckte und erst wieder „in die Realität zurückkehrte" wenn das Essen bereits angebrannt war.

Beim Umzug war sie bereits im dritten Monat schwanger und die ständige Übelkeit war ihr beim Kochen auch keine große Hilfe. Schließlich erbarmte sich eine hilfsbereite Nachbarin und half ihr beim Einkaufen und Kochen – was sie weitgehend mit Handzeichen erledigen mussten, da sie nur wenige Worte austauschen konnten. Zumindest war das Problem damit einigermaßen gelöst.

Das nächste Drama wartete jedoch bereits wenige Tage später auf sie, als die freundliche Nachbarin einen Ausflug mit ihr machte. In **Kerdassa** hörte sie von einer berühmten alten Stätte, an der heute noch die kleinen Kinder giftige Schlangen und Skorpione fingen, um diese an Leute zu verkaufen, die wichtige Gegengifte daraus gewannen. Natürlich musste sie diesen Ort sofort sehen.

Die Nachbarin begleitete sie nur ungern und sogar der Taxifahrer war nicht begeistert von dem Ziel. Kaum angekommen sahen sie bereits den kleinen Menschenauflauf, der sich um einen Jungen und seine Giftschlangen gebildet hatte.

Jetzt kam Dorothy ihr Erlebnis mit der Giftschlange in Sussex zugute. Unerschrocken ging sie direkt auf den Jungen zu und hielt der Schlange ihre Hand hin. Die **Hornviper** glitt ohne zu zögern an ihrem Arm hoch, hinter ihrem Nacken vorbei und auf der anderen Seite herunter, direkt in die Hand des Jungen. Die Nachbarin war sprachlos und geschockt – genau wie die anderen Zeugen des Vorfalls.

Wen wundert es bei solchen Erlebnissen, dass Dorothy mit ihrem seltsamen Verhalten nicht nur bekannt war wie ein bunter Hund, sondern sich damit auch nicht nur Freunde machte. Eine Frau, die sich so verhielt, war nicht nur verdächtig, sondern mit der stimmte etwas nicht. Und zwar ganz gewaltig.

Beim Zwischenstopp in einem Café, wo sie sich nach diesem Vorfall beruhigen wollten, traf sie auf Mrs. Perkins, die Sekretärin des berühmten deutschstämmigen Archäologen **George Andrew Reisner** (1867-1942; seine Großeltern stammten aus Worms), der mit Ausgrabungen in der Nähe beschäftigt war. Die arme Nachbarin wurde komplett ignoriert, als sich die beiden englischen Damen über die Archäologie und andere Themen unterhielten.

Und als Mrs. Perkins auch noch erwähnte, dass ihr Boss die Pyramidentexte des Unas aus der 5. Dynastie ausgegraben hatte, auf denen sich viele magische Beschwörungen befanden, war es um Dorothy geschehen. Unbedingt wollte sie diese Texte sehen! Obwohl Dr. Budge sie stets davor gewarnt hatte, irgendeine Art ägyptischer Magie auszuführen. Das machte es für sie nur umso spannender!

Seti erscheint wieder – nicht nur ihr

Nach diesem Erlebnis hatte sie eine plötzliche weitere Erscheinung von Seti. Darauf hatte sie so viele Jahre gewartet! Er erschien ihr diesesmal jedoch nicht als Mumie, sondern als Pharao samt Krone. Doch er war nicht körperlich greifbar, da er sich nicht komplett materialisierte. Dennoch war sie begeistert, ihn endlich nach 15 Jahren wiederzusehen! Hatte die neue Umgebung und das intensive Gespräch mit Mrs. Perkins die neue Begegnung ausgelöst?

Sie war mittlerweile im 6. Monat schwanger und ihre Eltern hatten sich zu Besuch angekündigt. Die Eadys hatten sich noch immer nicht ganz mit der Hochzeit ihrer Tochter abfinden können. Der Besuch verlief jedoch weitgehend störungsfrei – bis Caroline Eady Pharao Seti neben ihrem Bett sah!

Zunächst hielt sie ihn im Halbschlaf für ihren Schwiegersohn, doch am nächsten Morgen kam ihr die Sache seltsam vor, da Emam in jener Nacht überhaupt nicht zu Hause gewesen war. Als sie Dorothy darauf ansprach, druckste diese eine Weile herum und erzählte dann von den Visionen, die sie schon als Teenager gehabt hatte und die sich jetzt wiederholten. Das war zu viel für ihre Mutter und das Erlebnis beschleunigte die Abreise.

Jahre später erzählte Dorothy Eady ihrem Freund Hanny El Zeini übrigens, dass auch ihr Schwiegervater sowie ein Freund ihres Mannes namens Hassan Karam den Pharao gesehen hatten. Ein schwerer Schock für die gläubigen Männer! Und gleichzeitig ein interessanter Hinweis für die Skeptiker! Dass Dorothy sich den Pharao einbildete, war eine Sache. Aber dass er von Personen gesehen wurde, die – zumindest zu diesem Zeitpunkt – überhaupt nicht wussten, dass Dorothy nächtliche Besuche von einem Geist erhielt, ist ein Punkt für Dorothy!

Von da an häuften sich die Besuche des Pharaos und Dorothy war überglücklich.

Drei weitere Monate gingen ins Land, dann wurde der kleine Sohn geboren. Obwohl es damals noch keine Ultraschalluntersuchungen gab, war sie von Anfang an sicher, dass sie einen Sohn bekommen würde. Auch das war eine Gewissheit, die sie ihrer seltsamen Gabe verdankte.

Die nächste schwere Zerreißprobe für die Eheleute und Ärgernis für die Schwiegereltern war die Namensgebung. So ein Name musste sorgfältig ausgewählt werden und am besten einem klassischen Namen des frühen Islam entsprechen. Doch für Dorothy war klar, dass der Sohn „Sety" heißen sollte. Ihr Schwiegervater war entsetzt und versuchte, sie umzustimmen. Für Ägypter war ein so extrem alter Name - und dann noch der eines Pharaos - inakzeptabel. Man würde sich über das Kind sein Leben lang lustig machen.

Dorothy blieb stur. Der Junge musste **Sety** heißen. Schließlich gab die Familie nach. Aber dies war ein weiterer Punkt, der ab jetzt zwischen ihr und ihrem Mann stand. Und er musste noch mehr ertragen, denn ab jetzt erschien nachts nicht nur Seti, sondern ein weiterer Geist namens Hor-Ra.

Hor-Ra

Kurz nach der Geburt ging Dorothy Babykleidung für den kleinen Sety kaufen und traf auf den Zigeuner, der sie vor Monaten aus der Menge gerettet hatte, als sie sich zwischen seinen Kollegen und den geprügelten Affen gestellt hatte. Er klagte ihr sein Leid und gab ihr die Hand. In jener Nacht hörte sie jemanden, der mit ihr in einer seltsamen Stimme sprach, und gab zunächst dem Zigeuner die Schuld, dass er sie wohl verzaubert hätte ... Doch die Stimme hatte nichts mit dem Zigeuner zu tun.

Es handelte sich um Hor-Ra, einen Geist, der ihr im Halbschlaf oder Trance-Zustand die Geschichte ihres früheren Lebens erzählen wollte. Die Stimme befahl ihr, nachts aufzustehen und die

Geschichte niederzuschreiben. Jedes Mal, wenn sie von Hor-Ra geweckt wurde, huschte sie aus dem Bett zu dem Schreibtisch am Fenster und notierte, was er ihr diktierte. Mit ihrem Mann sprach sie nicht darüber, doch natürlich entging ihm nicht, dass seine Frau jede Nacht schlafwandelte und irgendwelche seltsamen Dinge in einer fremden Schrift aufschrieb. Was zur Hölle machte sie da bloß?

Dorothy erklärte später, dass sie ihrem Mann gegenüber ein schlechtes Gewissen hatte wegen ihres Verhaltens. Aber er interessierte sich nicht für diese Dinge und wie hätte sie ihm erklären können, dass sie den längst verstorbenen Pharao Seti liebte und nun die Chance hatte, mehr über ihr früheres Leben zu erfahren?

Daher fuhr sie fort, nachts im Trancezustand und mittels „automatischem Schreiben" die Hieroglyphenbotschaften von Hor-Ra zu notieren. Und er brauchte über ein Jahr, um ihr die gesamte Geschichte zu erzählen! Auf diese Weise kamen ungefähr 70 Seiten zusammen, die sie teilweise auf Altägyptisch beziehungsweise Demotisch notiert hatte.

Das automatische Schreiben stammt in seinen Grundzügen vom französischen Psychotherapeuten Pierre Janet, der ihn 1889 geprägt hat, er er mit seinen Patienten Versuche unternahm, verschüttete Informationen aus dem Unterbewusstsein ins Bewusstsein zu holen.

Er animierte sie dazu, entweder einfach im Halbschlaf oder aber in einer Trance oder Hypnose ohne äußere Einflüsse alles aufzuschreiben, was ihnen in den Sinn kam. Die Methode, die so rein gar nichts Esoterisches an sich hat, wurde jedoch auch verwendet, um Schreibblockaden zu beseitigen.

Die Methode wurde jedoch im Rahmen der spiritistischen Séancen eingesetzt, die zwischen 1850 und 1890 boomten. Dann notierten Medien, die in Trance fielen, mittels automatischem Schreiben angeblich aus dem Jenseits diktierte Botschaften.

Trennung

In dieser Zeit lebte sich das junge Paar dann endgültig auseinander. Der Bruch kam fast genau zwei Jahre nach der Hochzeit, im Oktober 1935, als Emam ein Stellenangebot als Lehrer in Bagdad erhielt. Dabei würde er mehr als das Doppelte verdienen im Vergleich zu dem, was er jetzt bekam. Sein Vater riet ihm dazu, das Angebot anzunehmen, damit er Zeit hätte, in Ruhe über alles nachzudenken. Für Dorothy kam es ohnehin nicht infrage, ihren Mann zu begleiten und Ägypten zurückzulassen.

Also reiste Emam schnell und alleine ab und versorgte seine „Bulbul" mit einer monatlichen Unterstützung. Dorothy war begeistert. Nun musste sie kein Essen mehr für ihn kochen und konnte sich nur um sich selbst kümmern. Fantastisch! Essen ließ sie sich von einem kleinen Restaurant per Fahrradkurier bringen und erfand somit den Lieferdienst im Bezirk Manya el Roda.

Sie hatte nun ausreichend Zeit, sich mit einem Problem zu beschäftigen: Hor-Ra diktierte ihr nämlich die Geschichte in Hieroglyphen und Demotisch, einer Sprache, die sie überhaupt nicht kannte und nur in Trance verstand. Also kaufte sie sich einige Lehrbücher darüber und machte sich an die Arbeit, alle nächtlichen Aufschriebe höchstpersönlich und in akribischer Kleinarbeit zu übersetzen, damit sie auch im Wachzustand endlich die Geschichte ihres früheren Lebens verstehen konnte.

Arbeit mit Professor Selim Hassan

Bei einem ihrer Ausflüge lernte sie zufällig auf dem Gizehplateau **Professor Selim Hassan** (1887-1961)kennen, der vorherrschende Promi der damaligen Zeit in den ägyptologischen Kreisen. Er grub seit 1929 mit Hermann Junker in **Gizeh**. Der ehemalige Lehrer war der erste Ägypter, der an der Uni Kairo als Professor tätig war (1928-1936).

Dorothy hatte ihm schon als junges Mädchen einige ihrer Artefakte geschickt und war begeistert davon, ihn jetzt persönlich kennenzulernen. Er erlaubte ihr, die Ausgrabungen zu beobachten und als sie ihm ihr Wissen, was die Hieroglyphen und das Zeichnen betraf, vorführte, stellte er sie als unbezahlte Hilfe und Zeichnerin ein.

Tags darauf erhielt sie ihren Namen, unter dem sie jetzt überall bekannt ist. Wie es in Ägypten üblich ist, wurde sie nach ihrem Erstgeborenen genannt und fortan nicht mehr als „Bulbul" Abdel Megid, sondern als „Mutter von Sety" bzw. „**Omm Sety**" bezeichnet.

Sie durfte Selim Hassan sogar bei seinem zehnbändigen Werk helfen, welches sie lektorierte und mit Zeichnungen versah. Zum Dank dafür erwähnte er sie in seiner Widmung. Bei all ihrer Begeisterung für die Arbeit vernachlässigte sie leider ihren kleinen Sety, den sie häufig in der Obhut der Wachleute in der Pyramide zurückließ.

Diese riefen dann nach ihr, wenn der Kleine Hunger hatte und gestillt werden wollte. Ein Verhalten, das gesellschaftlich völlig inakzeptabel war und ihr weitere Minuspunkte einbrachte.

Ihr war das allerdings völlig egal. Sie war viel zu begierig darauf, so viel Wissen wie möglich anzuhäufen und endlich mehr über ihr früheres Leben zu erfahren.

Sechs Monate nach Hor-Ras letztem Besuch und kurz bevor ihr Mann von seinem befristeten Lehrauftrag zurückkehrte, hatte sie schließlich die Übersetzung fertiggestellt – und war geschockt von dem, was sie da erfuhr.

Zu der Geschichte kommen wir gleich, doch als Zwischenfazit bleibt festzuhalten, dass ihr eigentlicher Hochzeitsgrund - die Rückkehr nach Ägypten - ihre mangelnden hausfraulichen Fähigkeiten, ihr unkonventionelles Verhalten, ihre störrische Verbissenheit, am Alten Ägypten festzuhalten und ihr Hinwegsetzen über die gesellschaftlichen Normen der Zeit und Familie alles Dinge waren, die ihrer Ehe nachhaltig schadeten.

Omm Sety sagte später einmal dazu, ihr Mann sei „ultra-modern" gewesen, sie hingegen „ultra-alt", das hätte nicht gepasst.

Was die Skeptiker betrifft: Was war an den Erlebnissen dran? Wenn sie wirklich übersinnliche Fähigkeiten hatte, wäre es nicht ungewöhnlich, wenn sie wirklich den Geist von Seti oder Hor-Ra hätte sehen können.

Auch das automatische Schreiben würde heute niemanden mehr zutiefst erschüttern. Obwohl es etwas anderes ist, wenn man über diese Dinge nichts weiß und dann seine Frau nachts dabei sieht, wie sie in fremden Sprachen schreibt und Geister im Schlafzimmer empfängt.

Dies ist auch ein interessanter Punkt, der für Dorothy spricht: Die Tatsache, dass hier Zeugen aussagten, tatsächlich den Pharao an ihrem Bett gesehen zu haben, unterstreicht ihre Geschichte.

Es ist kaum vorstellbar, dass sich die ganze Familie freiwillig mit einer solchen Erzählung der Lächerlichkeit preisgegeben hätte, wenn sie nicht felsenfest davon überzeugt gewesen wären, eine unheimliche Erscheinung gehabt zu haben.

Dass auch Außenstehende den Pharao gesehen hatten, schließt auf jeden Fall aus, dass sie ihn sich eingebildet haben konnte.

Hor-Ra und die Geschichte von Bentreshyt

Hor-Ra diktierte ihr bei seinen nächtlichen Besuchen die Geschichte ihres Lebens als junge Frau namens „**Bentreshyt**" (was übersetzt so viel bedeutet wie „**Harfe der Freude**").

Die drei Musikerinnen, Grabmal der Nacht, Theben,
(Wikipedia, gemeinfrei; The Yorck Project (2002) 10.000 Meisterwerke
der Malerei (DVD-ROM), Zenodot Verlagsgesellschaft mbH)

Bereits die einleitenden Worte ihrer Lebensgeschichte jagten Omm Sety einen Schauer über den Rücken:

„Oh, Bentreshyt, du hast gesündigt und dein Verbrechen wurde mit dem Tode bestraft."

Er berichtete ihr zunächst, dass sie als Tochter armer Eltern (einem Soldaten und einer Gemüseverkäuferin) während der Herrschaft von Pharao Seti I. (ca. 1290 v.Chr.-1279 v. Chr.) in der Stadt Abydos lebte. Ihre Mutter war eine schöne blonde, blauäugige Syrerin, der sie damals und heute ähnlich sah.

Als ihr Vater von einem Kriegseinsatz zurückkehrte, war Bentreshyts Mutter verstorben und sie eine Halbwaise. Da er einen erneuten Marschbefehl bekommen hatte, gab er sie in die Obhut des Hohepriesters in einen Tempel (**Kom el-Sultan**). Dort wurde sie der Isis geweiht und sollte eine Jungfrau bleiben. Sie wurde darauf trainiert, die Rolle der Isis bei der jährlichen Aufführung des Dramas von Isis und Osiris zu übernehmen. Dieses Privileg hatten nur ausgebildete jungfräuliche Isis-Priesterinnen.

Zu der Zeit war der Seti-Tempel noch im Bau und eines Tages, als sie ein Teenager war, kam der Pharao persönlich vorbei, um die Baufortschritte zu begutachten. Dabei traf er bei einem Spaziergang im Garten auf Bentreshyt und verliebte sich Hals über Kopf in sie. Die beiden trafen sich danach regelmäßig und das Unheil nahm seinen Lauf.

Schon kurz nachdem der König von Abydos wieder abgereist war, konnte man erkennen, dass Bentreshyt schwanger war. Der oberste Priester erklärte ihr, dass sie die oberste heilige Regel gebrochen hatte. Weder ihre Jugend noch ihre Unerfahrenheit konnten darüber hinwegsehen lassen. Daher war sie nach den Gesetzen Ägyptens schuldig und niemand konnte sie vor einer Strafe retten.

Er empfahl ihr, die Götter um Vergebung zu bitten oder vielleicht ein königliches Pardon von Pharao Seti selbst zu erwirken. Doch der Priester konnte ja nicht ahnen, dass Seti der Vater dieses Kindes war. Daher war die einzige Möglichkeit für sie, sich selbst zu töten, was sie auch tat. Hor-Ra wies bei der Erzählung darauf hin, dass weder Bentreshyt noch Seti für dieses Vergehen Vergebung erwarten durften, auch nicht im Jenseits, wo sie beide ebenfalls schwer bestraft wurden.

Als der Pharao schließlich nach einiger Zeit nach Abydos zurückkehrte, erzählte ihm der Hohepriester offen, was geschehen war, und Seti war zutiefst unglücklich. Hor-Ra berichtete, dass er sich alleine in den Garten setzte, an den Platz, an dem die beiden sich das erste Mal begegnet waren, das Gesicht in beide Hände nahm und weinte. Danach war er nie wieder in Abydos.

Emam kehrt zurück

Die Geschichte war ein schwerer Schock für Dorothy und ließ sie immer wieder in Tränen ausbrechen. Sie machte sich währenddessen auch viele Gedanken über ihr Verhältnis zu Emam, der ihr stets ein freundlicher, ruhiger und verständnisvoller Ehemann gewesen war. Sie suchte die Schuld bei sich, war sich aber klar darüber, dass sie stets eine Last für ihn sein würde. Er meldete sich auch nur selten schriftlich bei ihr.

Das erste Zusammentreffen, als er im Frühjahr 1936 endlich wieder nach Ägypten zurückkehrte, war kalt und distanziert. Er freute sich lediglich darüber, seinen Sohn wieder zu sehen. Nachdem ihm Dorothy berichtet hatte, dass sie Professor Hassan bei den Ausgrabungen half und Sety stets dabei hatte, war für ihren Mann klarer als je zuvor, dass diese Ehe nicht weitergehen konnte.

Seine Frau trieb sich auf Ausgrabungsstätten herum und nahm seinen Sohn dabei mit? Beide waren sich klar darüber, dass eine Trennung die einzige Lösung war. Und so geschah es auch. Ohne Verbitterung, ohne Streit. Einfach nur eine vernünftige Entscheidung.

1936 -1939 – Scheidung und Astralreisen

Schon kurz nach der Trennung fand Dorothy ein kleines Apartment in der Nähe der Pyramiden von Gizeh, genauer gesagt in **Nazlat al-Simman**, unweit ihrer täglichen Arbeit mit Selim Hassan. Sie hatte ihren Sohn dabei und nahm drei Katzen bei sich auf. Ihr Leben hatte sie somit im Griff – nur ihren Geister-Liebhaber noch nicht ganz. Er erschien ihr immer wieder mitten in der Nacht. Manchmal fühlte sie nur seine Anwesenheit, manchmal materialisierte er sich aber auch.

Astralreisen

Zusätzlich hatte sie ein neues seltsames Erlebnis, als ein neuer nächtlicher Gast auftauchte, der sich als **Ptah-Mes** vorstellte und sie auf eine Astralreise ins Jenseits mitnahm, wo sie ihren geliebten Seti traf. Sie wollte länger bei ihm bleiben und auch künftige Reisen zu ihm unternehmen, sogar alleine. Doch Seti konnte dies nicht erlauben, da die Astralwelt gefährlich war und sie daher diese Reisen zu ihrer eigenen Sicherheit nur mithilfe von Ptah-Mes durchführen durfte.

Wieder hatte sie einen weiteren Vorstoß in neue, unbekannte Gefilde getan. Doch hatte sie neben diesem zweiten, geheimen Leben ja noch ihre Arbeit in der Realität, die sie über diese nächtlichen Ausflüge und Besuche nicht vernachlässigen durfte.

Zusammenarbeit mit Selim Hassan und Ahmed Fakhry

Nur wenige Tage nach diesem ersten Astralausflug erhielt sie einen Anruf vom Ägyptischen Museum (Antikenministerium), das ihr einen bezahlten Job anbot. Doch da sie ihren Sohn mit ins Museum nehmen musste, der Lärm machte und eine nicht zu unterschätzende Gefahr für die von ihm als Spielzeug angesehenen Statuen und anderen Artefakte darstellte, war dieser Job nur von kurzer Dauer.

Zum Glück schaltete sich der Archäologe Selim Hassan ein und arrangierte einen bezahlten Job als seine Sekretärin und Assistentin bei den Ausgrabungen in **Gizeh**. Dort konnte sie ihm hauptsächlich als Zeichnerin assistieren.

Aber sie konnte auch **Selim Hassan** und **Ahmed Fakhry** unterstützen, indem sie deren englische Abhandlungen korrigierte und verbesserte, da sie die englische Sprache verständlicherweise nicht so gut beherrschten wie die geborene Engländerin.

So hoch angesehen sie auch bei den Archäologen für ihr spezifisches Fachwissen war, so argwöhnisch wurde sie jedoch von der Bevölkerung beobachtet, da sie erneut ein seltsames Verhalten an den Tag legte: Sie freundete sich mit einem Adler an und benannte ihn nach dem Falkengott *Horus*.

„The nature of early Egypt" – A. Peters (Wikipedia, gemeinfrei)

Tatsächlich kam er täglich zu ihrem Fenster, um sich von ihr mit kleinen Fleischbrocken füttern zu lassen. Daneben opferte sie zu bestimmten Zeiten im Monat der Sphinx Brot und Bier und sprach dabei Gebete. All das war den Einwohnern dieser Gegend ein Dorn im Auge und unterstrich ihre seltsame Persönlichkeit. Doch sie kümmerte sich nicht weiter darum.

Sie konzentrierte sich stattdessen auf die von da an häufig stattfindenden Astralreisen zu Seti, bei denen sie auch seinen Sohn Ramses und andere Personen aus seinem Haushalt kennenlernte. Dabei erfuhr sie auch weitere Details über ihr Leben als Bentreshyt, denn Seti erzählte er, dass man ihm in Abydos davon berichtet hatte, dass man ihren toten Körper in Stücke gehackt, verbrannt und völlig zerstört hatte.

Nach seinem eigenen Tod hatte er dann begonnen, jahrhunderte- beziehungsweise jahrtausendelang nach ihr zu suchen, bis er erfuhr, dass sie als Dorothy Eady auf der Erde lebte – in jener Nacht war er ihr dann das erste Mal erschienen.

Sie unterstützte Selim Hassan **bis 1939**, wo er wegen einem Disput über verschiedene Artefakte in Ungnade fiel und sich von seinen Ausgrabungen in Gizeh zurückziehen musste. Daher zog auch Omm Sety von Gizeh wieder zurück nach **Nazlat al-Simman,** wo sie für den Archäologen Ahmed Fakhry (1905-1973) arbeitete.

Sie campierte oft in den alten Gräbern und hatte stets den kleinen Sety dabei, der mittlerweile 5 Jahre alt war. Ihrem Ex-Mann passte das überhaupt nicht.

Denn in Kairo hätte sie standesgemäß leben können und auch seinem Sohn eine angemessene Umgebung gewährleisten. Doch stattdessen zog sie ein Lotterleben vor, das in Emams Augen seinem Sohn nicht zuträglich war. Also beantragte er das Sorgerecht und heiratet eine seiner wunderschönen Cousinen, die sich rührend um den kleinen Sety kümmerte.

Für Dorothy war das zwar traurig, doch ihr war klar, dass sie ihre Mutterrolle nicht gut mit ihrem Leben vereinbaren konnte. Daher gab sie nach und war frei, sich ihren Studien und ihrem zweiten nächtlichen Leben mit Seti zu widmen.

Bei ihrer Arbeit lernte sie viele berühmte Archäologen – ihre früheren Helden und Vorbilder – kennen und machte sich durch ihr Fachwissen und ihre Unterstützung bei ihnen und ihren Kollegen beliebt. Die Bevölkerung jedoch konnte mit ihr nicht wirklich warm werden, denn sie legte ein äußerst seltsames Verhalten an den Tag.

Sie opferte und betete vor der Sphinx, kletterte auf die Pyramiden und übernachtete des Öfteren in der Königskammer.

Die große Pyramide und die Sphinx. 1858 fotografiert von Francis Frith. (Scottish National Gallery; Wikipedia, gemeinfrei).

Der Engländer Francis (auch Frances) Frith (1822 - 1898) war ein Fotograf, der 1856 auf seiner Reise nach Ägypten sehr viele Fotos mittels Kollodiumverfahren und sehr großen Kameras anfertigte.

Dieses besondere Verfahren war damals neu neu und garantierte besonders gute Aufnahmen in einer heißen und staubigen Umgebung. Seine umfangreichen Fotosammlungen wurden 1975 von John Buck als „The Francis Frith Collection" einem großen begeisterten Publikum zugänglich gemacht.

1940 - 1948 Neue mysteriöse Erlebnisse

In ihrer Zeit bei den Ausgrabungen zog sie sehr viel um. Schließlich lebte sie in den 1940er-Jahren in **Dokki** im Dachgeschoss eines Hauses, das Dr. Hassan gehörte.

Während des Zweiten Weltkriegs fielen auch Bomben auf Ägypten, doch Omm Sety zeigte sich wenig besorgt. Zumindest um sich selbst, sie befürchtete nur, dass ein Tempel oder Museum oder ein anderes wichtiges Bauwerk getroffen werden könnte.

1941 – Die Statue

1941, während der Luftangriffe, hatte sie ein neues, seltsames Erlebnis. Sie schlief in ihrem abgeschlossenen Schlafzimmer und wurde weder von Menschen noch von Geistern gestört. Doch als sie aufwachte, hatte sie eine kleine, ungefähr 10 cm große **Osiris-Statue** aus echtem Silber in ihrer Faust.

Sie hatte keine Ahnung, wie diese dahingekommen sein konnte. Sie kaufte sich eine silberne Uhrenkette und beschloss, die Statue an dieser Kette um den Hals zu tragen. Um sicherzustellen, dass sich der Verschluss nicht öffnete und sie die Statue nicht verlor, ließ sie ihn fest zusammenlöten. Die Kette war groß genug, dass sie sie über den Kopf streifen konnte. Ein Verlust war somit ausgeschlossen.

Seti hatte ihr jedoch diese Statue nicht geschenkt und sie konnte sich nicht erklären, wie sie zu dieser Figur gekommen war. Dennoch trug sie die Statue während des kompletten Zweiten Weltkriegs.

Ein paar Tage nach Kriegsende war sie plötzlich verschwunden. Die Kette, die sie nie abgelegt hatte, hing noch um ihren Hals, der Verschluss war unversehrt, da verlötet – nur die Statue fehlte und blieb unauffindbar.

Materialisationen sind im Spiritismus ebenfalls bekannt. Vor allem durch das sogenannte Ektoplasma, das den Trancemedien dabei aus Nase oder Mund fließt und sich zu verschiedenen Formen verdichten kann. Allerdings ist das Gewebe mehr nebelartig und nur unter Rotlicht oder spezieller Beleuchtung sichtbar. Das Ektoplasma zieht sich nach dem Ende der Sitzung wieder in den Körper des Trancemediums zurück.

Frühe Betrüger konnten dieses Phänomen mit leichter Gaze nachstellen. Doch selbst wenn Omm Sety diese Fähigkeit gehabt haben sollte, so hätte sie aus Ektoplasma keine stabile Silberfigur erschaffen können. Die Figur existierte wirklich und wurde von vielen Personen gesehen, sogar von Dr. Hassan untersucht.

*Osiris mit Atef-Krone aus Bronze
(Foto: Marco Almbauer, 2015, Wikipedia,
in die Public Domain freigegeben;
Naturhistorisches Museum Wien)*

Andere Arten der Materialisation sind vor allem aus Indien bekannt, wo Gurus wie Sathya Sai Baba (1926 – 2011) Blumen und Süßigkeiten manifestierten oder bei der Mutter des bekannten Yogis Paramahansa Yogananda (1893-1952) ein Silberamulett in der Hand seiner Mutter materialisierte.

Hatte sie also eine neue, möglicherweise unbewusste Fähigkeit erhalten und sich aus Angst vor dem Krieg eine Silberfigur als Schutzamulett erschaffen? Oder hat sie die Statue einfach auf natürlichem Weg sowohl gekauft als auch verloren oder weggegeben und die ganze Geschichte war nur erfunden?

1948 – Der Leopard

1948 wohnte Omm Sety in einem eher heruntergekommenen Viertel in **Abdine**, einem Stadtteil von Kairo, der schon bessere Tage gesehen hatte. Doch für sie und ihre drei Katzen war es ausreichend. Eines Tages, als sie nach Hause kam und die Tür aufschloss, stand ihr ein lebendiger Leopard gegenüber.

Zuerst dachte sie noch an eine geisterhafte Erscheinung, doch er kam auf sie zu und rieb seinen Kopf an ihr. Ihre Katzen hatten sich aus Angst versteckt. Da ein Zirkus in der Stadt war, überlegte sie, ob der Leopard eventuell von dort entflohen sein könnte. Doch wie hätte er in ein verschlossenes Apartment gelangen können?

Nachts wurde sie von seltsamen Geräuschen geweckt, die auch ihre Katzen in Panik versetzten. Doch sie konnte den Ursprung nicht ausfindig machen. Zwei Wochen später stand der Leopard erneut im hellen Tageslicht mitten in ihrer Wohnung.

Diesesmal stand allerdings das Fenster offen, was eine natürliche Erklärung erlaubt hätte. Sie versuchte ihn anzulocken, doch er putzte sich ausgiebig und verschwand dann unter ihrem Bett. Als sie nachschaute, war er verschwunden.

Sie befragte ihre Nachbarn zu diesem Vorfall, versetzte diese armen Menschen allerdings damit in Angst und Schrecken. Sie murmelten schützende Verse aus dem Koran und wieder einmal hatte sie es geschafft, in den Augen ihrer Mitmenschen als äußerst seltsame Person dazustehen.

Eine Woche später zog sie um in eine bessere Wohnung, hörte jedoch, dass ihr Leoparden-Apartment zwei Jahre lang leer stand und ihr ehemaliger Vermieter es von Grund auf renovierte. Eine Erklärung dafür lieferte ihr allerdings niemand.

Tiere können ebenfalls als Geister oder Materialisationen erscheinen. Es wäre in diesem Fall nicht ausgeschlossen, dass sie den Leoparden genau wie ihren Liebhaber herbeigewünscht hatte, allein durch die Kraft ihrer Gedanken.

Beim zweiten Vorfall hätte er zumindest auf natürlichem Wege durch das Fenster hereinkommen können. Sie beschreibt jedoch, dass die Nachbarn vor dem Haus und auf den Balkonen waren – hätte nicht irgendjemand einen Leoparden herankommen und eindringen sehen müssen? Und wenn es ein echter Leopard war, wieso hat er sie nicht angegriffen? Und wieso konnte sich ein echter Leopard dann unter dem Bett in Luft auflösen?

Übrigens können auch Tiere wiedergeboren werden. Viele Besitzer sehen ihre verstorbenen Tiere als Geister um sich herum. Hatte Omm Sety in ihrem früheren Leben mit wilden Tieren zu tun, die in den Gärten des Pharaos lebten?

Die Tiererscheinung ließe sich zumindest mithilfe der Grenzwissenschaften erklären. Und das Manifestieren oder Materialisieren von Tieren wäre wieder eine weitere spektakuläre Fähigkeit, die Omm Sety an den Tag legt. Allerdings gibt es – so werden Skeptiker sofort einwerfen – außer Omm Sety für diesen Vorfall keine Zeugen. Und ohne Zeugen ist die Geschichte natürlich nicht belegbar. Sie könnte den Vorfall erfunden haben, um sich wichtig zu machen.

Die 1950er-Jahre – Aufbruch nach Abydos

Die 1950er brachten einen wichtigen Umbruch für Dorothy. Zum einen durch eine völlig neue Information, die sie von Seti erhielt und zum anderen durch den endgültigen Umzug nach Abydos – an den Ort, zu dem sie sich schon seit ihrer Kindheit zurückgesehnt hatte.

Die Ruinen des Seti-Tempels in Abydos – von Kurt Diedrich © 2019

Nächtliche Mitteilungen

Während all der Jahre waren die Besuche von **Ptah-Mes** weitergegangen, der sie in die Jenseitswelt zu Seti brachte. In einer Nacht im Jahr 1952 empfing Seti sie freudestrahlend im Jenseits (**Duat, Amenti**) und hatte eine frohe Botschaft für sie.

Er eröffnete ihr, dass der *Große Rat* ihm ab jetzt erlauben würde, als echter Mensch aufzutreten. Dafür brauchte er allerdings jedes Mal einen Teil ihrer Lebenskraft, um sich zu materialisieren. Und diese Bedingung war nicht verhandelbar.

Natürlich willigte sie sofort ein. Was gab es da zu überlegen? Sie musste nur zu Osiris beten, um ihre Zustimmung zu bekunden und Isis ein Opfer darbringen, als Beweis ihrer Liebe zu ihm. Danach war es ihm tatsächlich erlaubt, jede Nacht in physischer menschlicher Form bei ihr zu sein und im Morgengrauen musste er wieder ins Jenseits zurückkehren.

Selbstverständlich wirft das Fragen auf und ihr Freund Hanny el Zeini hat sie auch ganz ungeniert danach gefragt. Genauso direkt hat sie ihm auch geantwortet. Er war ein echter Mann zum Anfassen, mit dem sie jede Nacht richtigen Sex haben konnte. Außerdem bestand er darauf, dass er sie in der jenseitigen Welt unbedingt heiraten wollte. Für sie spielte das keine Rolle, aber er wollte das unbedingt.

Während ihrer regelmäßigen Zusammenkünfte sprachen sie über alle möglichen Themen. Über das Jenseits und über das Leben im Alten Ägypten. Und Dorothy notierte anschließend alle Informationen, die sie erhalten konnte, um sie für sich – und auch für die Nachwelt - aufzubewahren. Denn sie überließ alle Aufzeichnungen ihrem Freund Hanny el Zeini – bereits zu Lebzeiten, da sie sie ihm jährlich übergab oder zusendete.

Sie konnte somit ab **1952** wie Mann und Frau mit Seti zusammenleben, doch da er sie im Jenseits heiraten wollte, musste sie ein Opfer bringen: Sie würde nach Abydos zurückkehren müssen, wo alles begann, um dort den Tempeldienst aufzunehmen, den sie damals durch ihren Freitod unterbrochen hatte. Sie musste den Göttern dienen, als Priesterin der Isis und als Zeichen der Reue und Wiedergutmachung.

Bereits 1952 besuchte sie Abydos (das damals noch „**The Buried Hamlet**" genannt wurde), hatte aber keine Ahnung, wie sie dort ihren Lebensunterhalt bestreiten sollte.

Von da an kehrten auch Fragmente ihrer Träume zurück, die sie bereits als Kind gehabt hatte, aber nicht deuten konnte. Sie wusste jetzt, was sie bedeuteten: Sie hatte sich selbst als Bentreshyt gesehen, die im **Osireion** vom Hohepriester ausgepeitscht wurde, weil sie ihm das Geheimnis nicht verraten wollte.

Das Osireion damals, Rekonstruktion Kurt Diedrich © 2019

Heute wusste sie, um welches es sich handelte: Er wollte von ihr wissen, wer der Vater ihres ungeborenen Kindes war und wer mit ihr diese fürchterliche Sünde begangen hatte, eine der heiligen Tempeljungfrauen zu schwängern.

Bei dem Besuch des Osireion folgte sie übrigens einem Impuls und wusch sich das Gesicht mit dem Wasser aus einem kleinen Brunnen, der sich dort befand. Von dem Augenblick an benötigte sie keine Brille mehr!!!

Daher kehrte sie erst **1956** endgültig nach Abydos zurück, wo sie – unverständlich für die Einwohner dort - ihre priesterlichen Pflichten aufnahm und Opfer brachte und Gebete rezitierte. Auch wenn sie für seltsam gehalten wurde, diente doch alles dem höheren Zweck, mit ihrem Geliebten im Jenseits vereint zu werden.

Das Osireion steht heute unter Wasser. Kurt Diedrich © 2019

Einschub: AKE – Astralreisen – Tulpas

An dieser Stelle möchte ich die Gelegenheit ergreifen, Ihnen ein paar Dinge über Dorothys Astralreisen und außerkörperlichen Erlebnisse zu berichten – und über Seti, der sich als wirklicher Mensch materialisieren konnte.

Außerkörperliche Erfahrungen (AKEs), bei denen sich die Seele vom Körper trennt, können im Schlaf oder in Stresssituationen stattfinden.

Dabei kann sich die Seele oder das Bewusstsein trennen und über dem Körper schweben, den die betreffenden Personen dann von oben sehen. Einige haben dies bei Operationen oder bei Autounfällen erlebt. Oder einfach in dem Zustand, wenn sie gerade beim Einschlafen oder Aufwachen sind.

Diese Menschen können sich selbst als außenstehender Betrachter wahrnehmen und sind meist schwer verunsichert. Sie wissen nicht, wie sie aus ihrem Körper herausgekommen sind und wie sie wieder hineinkommen sollen. Normalerweise schlüpft die Seele/das Bewusstsein allerdings beim Aufwachen wieder in den Körper hinein.

Hellsichtige Menschen sagen, dass die Seele mit dem Körper durch eine „Silberschnur" verbunden ist. Solange diese unverletzt ist, kann die Seele immer wieder in den Körper zurück. Erst beim

Tod wird diese Schnur durchtrennt und der Seele ist der Rückweg abgeschnitten.

Dieser Zustand war auch den alten Ägyptern bereits bekannt. Eine Darstellung, wie der „Ba"-Vogel (die Seele) über dem Körper des Toten schwebt, hat Sir Wallis Budge in seinem Book of the Dead zeichnerisch dargestellt (nächste Seite).

Wer oft meditiert, kann diese Zustände auch willentlich herbeiführen und lenken. Wenn man sich weiter von seinem Körper wegbewegt, wird das zu einer richtigen **Astralreise**.

Ba und Mumie, 1895 (The Book of the Dead – von E. A. Wallis Budge (1857-1937) (Wikipedia, gemeinfrei)

Bei dieser können sie nicht nur mit ihrem Körper durch die Straßen ihrer Stadt gehen oder darüber hinwegschweben, sondern auch wirklich in astrale Bereiche (oder andere Dimensionen, wenn Sie so wollen) eindringen. Dort können Sie Verstorbene treffen, aber auch Engel, Naturwesen, Dämonen und Außerirdische ... In Dorothys Fall war es eine Reise ins Jenseits.

Das Thema der Astralreisen und außerkörperlichen Erfahrungen ist ziemlich komplex. Besonders, da der Mensch nicht nur über einen **Astralkörper**, sondern auch sechs weitere Körper verfügt, die wie Schichten aufeinander aufbauen:

Es gibt den Ätherkörper, den Emotionalkörper, den Mentalkörper, den Astralkörper, den Ätherischen Negativkörper, den Himmlischen Körper und den Kausalen Körper. Die Körper werden auch teilweise unterschiedlich bezeichnet.

Sie sind farbig und pulsieren in unterschiedlichen Frequenzen. Hellsichtige Menschen können diese Farben in der menschlichen Aura sehen und deuten. Die Ausführungen hierzu im Detail wären jedoch an dieser Stelle fehl am Platz, da sie uns zu weit vom eigentlichen Thema wegführen würden.

Das Jenseits nach Seti

Omm Sety fragte ihren Pharao bei seinen nächtlichen Besuchen auch darüber aus, wie es im Jenseits sei. Ist es gut oder schlecht? Er erklärte ihr, dass es nur einen Platz gäbe, der sowohl gut als auch schlecht ist. Für ihn sei er schlecht, weil er dort von seinen schrecklichen Erinnerungen umgeben sei, die ihn seit Bentreshyts Tod quälten.

Sein Sohn Ramses sei bei ihm und könnte ihn jederzeit besuchen, doch umgekehrt wäre das nicht möglich. Nicht jeder kann überall hingehen. Manche Menschen begegnen sich dort nicht mehr, auch seine Mutter hätte er seither nicht getroffen. Seine Diener sind auch im Jenseits bei ihm, da sie ihm treu ergeben waren und sich einfach nichts anderes vorstellen können, als bei ihm zu sein.

Die Umgebung im Jenseits, in der er „lebte", entspricht – wie Omm Sety selbst gesehen hatte – den Tempeln und Gärten und Orten, die sie aus der Zeit der Pharaonen kannte. Seti erklärte er, dass das Jenseits ein Abbild des Diesseits ist. Jeder erschafft dort die Umgebung, die er kennt und die er liebt, also kann jeder nur etwas erschaffen, was ihm bei seinem Tod bereits bekannt war.

Die Menschen leben in den ihnen bekannten Umgebungen aus dem Diesseits und sind umgeben von Personen, die sie bereits zuvor kannten. Sie befinden sich in einem speziellen „Geisteszustand". Jeder bekommt also, was er erwartet, erhofft oder befürchtet. Das Jenseits von Seti ist also gleichzeitig ein Spiegelbild seiner Prachtbauten aus dem Alten Ägypten.

Und als er die Monumente erschaffen hat mit dem Verweis darauf, dass dies sein Tempel für die Ewigkeit sei, hätte er nicht daran gedacht, dass dieses Bauwerk alle Ewigkeiten auf der Erde überdauern könnte. Er hatte diese Tempel und Paläste mit in sein jenseitiges Leben (nach „Amenti" bzw. Duat) mitgenommen, wo sie unzerstörbar und wirklich ewig waren.

Grundsätzlich entsprechen diese Aussagen von Seti (oder für Skeptiker die Aussagen von Dorothy persönlich) den heutigen Ansichten, die von hellsichtigen Personen oder Channelmedien ebenfalls berichtet werden. Insofern sind ihre Aussagen – ob von Seti erfahren oder durch mediale Fähigkeiten erhalten – mit dem heutigen Stand der Jenseitsforschung kompatibel.

Die Materialisierung eines Geistes

Dass Seti sich bei ihr einfach **materialisieren** konnte, können wir an dieser Stelle nicht beweisen, doch aufgrund der Zeugenaussagen ihrer Mutter, ihres Schwiegervaters und des Freundes ihres Mannes, muss man davon ausgehen, dass sie die Wahrheit sagte. Lässt sich dieses Phänomen ebenfalls erklären?

Ob sich Seti tatsächlich von sich aus oder durch Mithilfe der Götter materialisieren konnte, kann ich Ihnen nicht sagen. Das Phänomen selbst ist jedoch bekannt. Dorothy könnte ihn allein mithilfe ihrer Einbildungskraft und ihres Wunschdenkens materialisiert haben.

Einen gut dokumentierten Präzedenzfall für dieses Phänomen gibt es ebenfalls. Nämlich den der Französin **Alexandra Navid-Néel** (1868-1969), einer Anhängerin des tibetischen Buddhismus. Sie hat es geschafft, sich selbst einen **Tulpa** in Form eines Mönchs zu erschaffen, der sogar von anderen Menschen gesehen werden konnte! Doch von vorn:

Die Französin Alexandra David-Néel hieß eigentlich Louise Eugénie Alexandrine Marie David (1868 – 1969) und war begeisterte Anhängerin des tibetischen Buddhismus. Auf unzähligen Reisen hat sie Land und Leute erforscht und wurde dort sogar in den Stand eines Lamas erhoben!

Der erwähnte Begriff „Tulpa" stammt aus der tibetischen Mythologie und ist dort nicht unüblich. Er bedeutet das „Erschaffen eines Geistwesens durch reine Willenskraft". David-Néels hat während ihres Aufenthaltes in Tibet durch reine Willenskraft den Geist eines Mönches erschaffen, der zunächst nur von ihr, mit zunehmender

„Energie", die sie dem Geist zuführte, jedoch auch von anderen wahrgenommen werden konnte.

Der Mönch bewegt sich, stand da, beobachtete, ging umher, man konnte ihn zunehmend nicht von einem realen Wesen unterscheiden. Und man beachte: Er war ein „erfundener" Geist, der nie zuvor gelebt hatte und nur der Fantasie der Forscherin entsprungen ist!

Der Nachteil an der Sache war jedoch, dass der Geist sich von der Energie derer, die ihn sahen, sich mit ihm befassten oder ihn riefen und hauptsächlich von seiner Schöpferin „gespeist" wurde.

Mit der Zeit entwickelte er dadurch ein Eigenleben, er veränderte sogar sein Aussehen und nahm böse und angeblich sogar dämonische Züge an. Alexandra David-Néel brauchte nach eigenem Bekunden über 6 Monate, um das Geistwesen wieder zu „zerstören" und ihm jegliche Energie zu entziehen.

Hat sich Dorothy also ihren geisterhaften Liebhaber selbst herbeimanifestiert? Dass er von ihrer Lebenskraft zehrte, lässt sich an Fotos von ihr feststellen. Es scheint keine Bilder von ihr als wunderschöne blonde und blauäugige junge Frau zu geben (in einem Videointerview ist sie brünett und sieht relativ unspektakulär aus).

Hanny el Zeini sagt in seinem Buch, er hätte es selbst nicht glauben können, dass Omm Sety früher eine Schönheit war, da er sie nur als etwas verlebte Person kannte, doch ein Professor aus England hatte ihm ein Jugendfoto von Dorothy gezeigt, das ihm die Sprache verschlagen hätte (Omm Sety's Egypt, Seite 36)).

Zwischenfazit

Alle Erlebnisse, die Dorothy Eady ihr Leben lang hatte, lassen sich darauf zurückführen, dass sie mehrere außerordentliche spirituelle Gaben besaß, die sich im Laufe ihres Lebens immer weiter entwickelten und immer ausgeprägter wurden.

Sie hatte auch Berührungen mit der spiritistischen Szene und ihr war vermutlich klar, auch wenn sie nicht darüber gesprochen hat, welche Fähigkeiten in ihr steckten. Für heutige Grenzwissenschaftler wären all diese Phänomene nichts, was es nicht schon gegeben hätte. Aber erklären sie gleichzeitig auch die Reinkarnation? Darauf kommen wir später noch einmal zurück.

Der neue Job und der Umzug

Zurück zu Dorothy. Ab 1952 war sie immer wieder in Abydos, hatte aber noch keine Idee, wie sie dauerhaft dort bleiben konnte. Zusätzlich war es nach der Mitteilung von Seti nun umso wichtiger, dorthin zu kommen.

Der Zufall – oder ein göttlicher Plan – kamen ihr zu Hilfe, als Ahmed Fakhrys Forschungsprojekt an der **Dashur-Pyramide** beendet war und sie arbeitslos wurde. Professor Fakhry versuchte händeringend, sie auf einer anderen Position unterzubringen, doch zunächst erschien es aussichtslos. Bis plötzlich **Edouard Gazhouli** einen Assistenten suchte, der ihm bei der Arbeit im Abydos-Tempel helfen konnte.

Er brauchte dringend einen Zeichner, der alle gefundenen Objekte, Fragmente und Hieroglyphen abzeichnen konnte. Selbstverständlich konnte Professor Fakhry ihm dafür genau die richtige Person empfehlen! Fakhry hatte zunächst Bedenken, dass Omm Sety den Job eventuell ausschlagen könnte, da sie dort nur etwa 10% dessen verdienen würde, was sie beim ihm erhalten hatte. Doch ihr war das völlig egal. Abydos! Endlich! Sie sagte zu.

Später berichtete sie ihrem Freund Hanny el Zeini, dass sie in jener Nacht mit Seti darüber sprach und es auch die letzte Nacht gewesen sei, in der sie sich körperlich geliebt hatten. Denn danach würde sie in Abydos wieder dem Tempel gehören und wäre erneut eine verbotene Frucht für jeden Mann, auch für ihn. Sie dürften sich nicht mehr lieben, solange sie im Körper von Dorothy Eady inkarniert war. Sie weinte und schlug vor, die Arbeit in Abydos auszuschlagen, doch er überzeugte sie davon, dass dies ein Test sei.

Die Götter gaben ihnen dadurch die Gelegenheit, dass sie ihre Rolle als Priesterin im Tempel weiterführen konnte, die sie damals als Bentreshyt unterbrochen hatte. Wenn sie tapfer sein würde und alle Feste der Isis und des Osiris mit Opfern und Gebeten im Tempel würdigen und alle Sprüche aufsagen würde, so würden sie am Ende im Jenseits endlich wieder vereint sein. Er bat sie dringend, ihm zu versprechen, all diese Vorgaben einzuhalten. Ein paar Tage später brach sie nach Abydos auf.

Zunächst musste sie jedoch alles, was sie nicht dringend brauchte, zu Geld machen und bekam auf diese Weise immerhin 130 Pfund zusammen. Ein kleines Vermögen. Sie hatte allerdings keine Ahnung, wo sie wohnen konnte. In **Abydos** angekommen, gelang es ihr jedoch, ein schlichtes Bauernhaus mit einem Zimmer für 80 Pfund zu kaufen.

Mit ihr wohnten ihre beiden Lieblingskatzen, eine Wachgans namens Sneferu, einige Schlangen, ein Hase, ein Hund und ein Esel namens Alice. Diese Tiere bezeichnete sie im Spaß als ihre „Mafia". Die Quellen berichten, dass ihr Wohnort („**Pega-the-Gap**") in der Nähe eines Berges lag, der angeblich direkt ins Jenseits führte.

Und ab dem ersten Tag erfüllte sie ihr Versprechen, brachte im Tempel Opfer dar und sprach ihre Gebete. Täglich und an allen religiösen Festtagen insbesondere. Sie achtete sogar darauf, den Tempel aus Respekt vor den Göttern immer nur barfuß zu betreten. Zudem verfasste sie einen Kalender, in dem genau die Festtage der Götter verzeichnet waren. Nach diesem konnte sie ihre Rituale genau ausrichten.

1956 war auch das Jahr der **Suez-Kanal-Krise**, doch darum kümmerte sie sich ebenso wenig wie um die beiden Weltkriege, die sie bereits überstanden hatte. Ende 1956 lernte sie ihren Freund Hanny el Zeini kennen, dem sie später viele intime Details über ihr geheimes zweites Leben anvertraute und der alles in einem Buch niederschrieb.

Ihre anstrengende Aufgabe war es von da an, verschiedene Fundstücke im Tempel zu zeichnen und zu katalogisieren, sowie Inschriften zu kopieren und zu übersetzen. Eine Aufgabe, die ihr aufgrund ihres enormen Wissens – von damals und heute – bewundernswert gut gelang. Sie verbrachte viel Zeit in dem Tempel und richtete sich dort sogar ihr Büro ein.

Insiderwissen

Während ihres Aufenthalts im Tempel kamen immer weitere Erinnerungen in ihr hoch. Sie überraschte ihre Kollegen immer wieder damit, dass sie hervorragend alle Gänge, Kammern und Hieroglyphen erklären konnte, auch wenn diese halb zerstört und kaum sichtbar waren.

Sie hatte sie ständig voll intakt vor ihrem inneren Auge, in ihrer Erinnerung. Allerdings konnte sie ihren Kollegen nicht erklären, woher sie ihr Wissen bezog, das weit über das hinausging, was ein Laie hätte wissen können und was auch in keinem Buch aus jener Zeit zu finden gewesen war.

Eines Tages wurde sie von ihrem Chef sogar getestet, der sie in praktisch völliger Dunkelheit in einen bisher nicht erschlossenen Raum stellte und sie bat, alle Wandmalereien zu identifizieren und zu erklären. Selbstverständlich erledigte sie diese Aufgabe fehlerfrei. Und für die Skeptiker war dies ein weiterer Beweis ihres unglaublichen Wissens. Denn diese Hieroglyphen waren bislang nicht in wissenschaftlichen Arbeiten erwähnt oder gezeigt worden. Sie hätte keine Möglichkeit gehabt, etwas darüber auf „normalem" Weg in Erfahrung zu bringen.

Darüber hinaus verblüffte sie ihre Kollegen immer wieder mit genauen Erklärungen darüber, wie bestimmte Rituale damals abgehalten worden waren und vor allem, wo welche Denkmäler, Reliefs oder andere Artefakte und Gebäude zu finden waren.

Auch der Garten, in dem sie Seti zum ersten Mal getroffen hatte und den sie schon als kleines Kind stets vor Augen gehabt hatte, konnte mit ihrer Hilfe korrekt lokalisiert und ausgegraben werden. Wie sie es schaffte, die Fundstätten stets korrekt vorherzusagen, war den Forschern jedoch ein Rätsel.

Nach und nach sickerte natürlich ihre Geschichte durch, aber sie wurde nie wissenschaftlich genau überprüft und die Leute blieben trotz ihrer erstaunlichen Funde immer skeptisch. Neben dem Garten fand und erklärte sie auch die Hintergründe des **Osireion**, einem Gebäude, das von den Forschern Seti zugeschrieben wurde, und behauptete, dass es aus einer viel älteren Epoche stammte. Genauso wie die Sphinx, die nicht das Abbild von König Chephren zeigte, sondern zu Ehren des Gottes Horus gebaut worden sei.

Das Osireion oder Osirion liegt hinter dem Totentempel von Seti und war angeblich ein dem Osiris geweihter Tempel. Es gab auch die These, dass es sich dabei um ein Scheingrab handelte. Beides konnte Omm Sety jedoch mit Bestimmtheit widerlegen. Allerdings nur durch ihr Insiderwissen, nicht durch reale Beweise.

Das Osireion heute. Kurt Diedrich © 2019

Entdeckt wurde das Osireion 1902 von Omm Setys Idol Flinders Petrie zusammen mit **Margaret Murray** *(1863-1963). Diese Dame war Anthropologin und Ägyptologin, die sich besonders für Volkskunde und vorchristliche Religionen interessierte. Nach ihrer Rückkehr aus Ägypten, wo sie aus gesundheitlichen Gründen nicht weiterarbeiten konnte, wendete sie sich den heidnischen Religionen Europas zu und begründete mit ihrem Buch „Der Hexen-Kult in Westeuropa" 1921 einen neuen Hexenkult.*

Beweisen konnte sie diese Behauptungen allerdings nicht, da sie sich dabei stets auf ihre Erinnerungen bezog. Oft stellten sich auch erst viele Jahre später Ergebnisse ein – wie beispielsweise ihre Erklärung, dass sie als Bentreshyt in einem Dorf wenige Hundert Meter östlich von **Shunet el Zebib** gelebt hatte.

Doch niemand wusste etwas von so einem Dorf, auch Ausgrabungen hatten keine Anzeichen eines solchen Dorfes zutage gefördert. Leider war sie schon lange verstorben, als ihre Worte sich als wahr erwiesen: 1997 wurde ein antikes Dorf wenige Hundert Meter südlich von Shunet el Zebib ausgegraben ...

Medizin und Magie

Seit Omm Sety von ihrem Mentor Ellis Budge vor der ägyptischen Magie gewarnt worden war, hatte diese eine enorme Anziehungskraft auf sie ausgeübt. Sie erzählte, dass sie viele Sprüche aus den Inschriften der Hieroglyphen, beispielsweise aus der Pyramide des Unnas, hatte übersetzen und deuten können. Da die Magie sich nur entfaltete, wenn man nach einem Code vorging, der zwischendurch eine oder mehrere Zeilen übersprang und an anderer Stelle weitergelesen wurde.

Durch Beobachtung der normalen Bevölkerung und unter Zuhilfenahme der magischen Sprüche gelang es ihr, eine Vielzahl von Haus- und Heilmitteln oder magischen antiken Anwendungen zusammenzustellen. Vieles von dem, was die Ägypter aus Traditionen oder aus dem koptischen Christentum übernommen hatten, stammte bereits aus der Zeit der Pharaonen.

Und so gelang es ihr, diese Mittelchen auch Hilfesuchenden zu empfehlen und erfolgreich anzuwenden. Darunter waren aber nicht nur Heilmittel, sondern es gab auch Sprüche und Rituale, mit denen man beispielsweise Schlangen besänftigen konnte. Dass sie das bisher auch ohne Magie geschafft hatte, hatten ihre Begegnungen mit den Schlangen bereits in früher Jugend und als Jungvermählte gezeigt.

Doch durch die Tempelsprüche konnte sie sogar telepathischen Kontakt mit Kobras aufnehmen und sie, wenn nötig, besänftigen und vertreiben. Dies wurde sogar von fotografierenden Touristen im Tempel beobachtet!

Die Mittel, um die sie gebeten wurde, waren solche, die im täglichen Leben der Landbevölkerung eine Rolle spielten: möglichst viele Kinder bekommen oder als Mann potent genug sein. Außerdem war es wichtig, die Menschen von den Auswirkungen von Flüchen oder bösen Zaubersprüchen zu befreien.

Wichtig war ihr auch die Heilkraft des Wassers, die sie selbst erfahren hatte, als sie im **Osireion** ihre Augen mit dem Wasser aus der Quelle benetzt hatte und danach keine Brille mehr tragen musste. Ihr Fachwissen in diesem Bereich war äußerst umfangreich und kann daher nicht detailliert beschrieben werden. Die Ägyptologin Nicole B. Hansen hat allerdings ein Buch darüber veröffentlicht.

Ihr Wissen über die historischen Personen und Begebenheiten

Aufgrund ihrer Übersetzungskünste, ihrer eigenen Erinnerungen und der nächtlichen Gespräche mit ihrem Geliebten Seti, hatte sie eine Unmenge an historischem Wissen, das teilweise dem widersprach, was die Gelehrten vermuteten oder angeblich sicher wussten.

Doch wie hätte sie beweisen können, dass sie beispielsweise Ramses den Großen als Kind gekannt hatte, da er häufig durch den Tempel rannte, als sie selbst dort lebte? Oder ihre Einschätzung seines Charakters?

Ihre Erzählungen waren zwar interessant, aber nicht überprüfbar. Für Ägyptologen und Fans der ägyptischen Geschichte ist ihr Wissen in diesem Bereich faszinierend und auch sehr lesenswert (ich empfehle dazu das Buch „Omm Sety's Egypt" von Hanny el Zeini), aber ohne Beweise ein gefundenes Fressen für alle Skeptiker.

In ihren nächtlichen Gesprächen mit Seti, die sich auch in Abydos fortsetzten, konnte sie ihn alles über Ägypten und die Götter fragen, was sie wollte. Und seine Antworten und Erklärungen umfassten alle Bereiche, auch die Astralwelten, das Leben nach dem Tod und Informationen über die Götter und das Jenseits.

Viele Informationen decken sich mit denen der modernen Grenzwissenschaften. Einiges davon ist jedoch bereits aus der Antike bekannt, und da Dorothy Eady in London auch mit spirituell und spiritistisch interessierten Personen in Kontakt stand, könnte man als Skeptiker einwerfen, dass sie sich diese Passagen der Gespräche nur ausgedacht und mit ihrem eigenen Wissen vermischt hat.

Die 1970er und 1980er Jahre. Das Ende

Dorothy Eady arbeitete unverdrossen weiter am und im Tempel und verrichtete täglich ihre rituellen Gebete, wie sie es Seti versprochen hatte. Eigentlich hätte sie 1964 in Rente gehen müssen, doch ihr Arbeitgeber gewährte eine Ausnahme und erlaubte ihr 5 weitere Jahre, bis sie 1969 tatsächlich in den Ruhestand trat.

Zumindest von der offiziellen Arbeit. Um ihre Rente von 30 Dollar monatlich aufzubessern, führte sie Touristen durch die Tempel und fertigte hübsche Handarbeiten, die sie an Freunde und Touristen verkaufte.

Sie war eine so berühmte Attraktion, dass viele Menschen weniger wegen des Tempels als wegen ihr als Person nach Abydos kamen. Eines Tages erschien auch ein Reisender, der sie aufsuchte, weil sie ihm helfen sollte, ein unbekanntes Grab zu finden und zu erforschen.

Omm Sety erklärte sich bereit, ihn zu führen und als sie losfuhren, hatte sie wieder eines ihrer seltsamen Erlebnisse. Zu jener Zeit befand sich Ägypten im Krieg mit Israel und hatte alle Strommasten vermint. Auf der Fahrt zu ihrem Ziel – dem unbekannten Grab – steuerten sie unwissentlich mitten in das Minenfeld hinein.

Den Wächter, der ihnen verzweifelte hinterher schrie, konnten sie wegen des laut klappernden Jeeps nicht hören. Dorothy hatte jedoch plötzlich ein Pfeifen im Ohr, das immer unerträglicher wurde und sich auf beide Ohren ausbreitete. Als sie schließlich unerträgliche Schmerzen erlitt, hörte sie Setis Stimme, der sie anflehte, sofort umzudrehen, oder ob sie schon wieder Selbstmord begehen wollte?

Schließlich zwang sie den Fahrer, zu wenden und als sie wieder bei dem Wachmann ankamen, klärte dieser sie darüber auf, dass sie nur um Haaresbreite mit ihrem Leben davongekommen waren.

Omm Sety erklärte allerdings den Beteiligten nicht, dass Seti sie gewarnt hatte, sondern dass sie wegen ihrer Ohrenschmerzen umgekehrt waren.

1972 erlitt sie einen Herzinfarkt und musste ihr altes Haus verkaufen. Zum Glück fand sie Unterschlupf bei dem Sohn eines alten Bekannten, einem ehemaligen Hüter des Tempels von Seti, Ahmed Soliman, der ihr eine einfache Lehmziegelhütte neben seinem Familienhaus baute.

Sie musste danach etwas kürzertreten, doch gab sie immer noch den Archäologen Hinweise, wo sie wichtige Funde machen konnten. Auch der Fund des Grabes von Tutenchamun oder Königin Nofretete waren ihr zu verdanken.

Ihre Berühmtheit war mittlerweile sehr ausgeprägt und so erschienen 1979 und 1980 Filmteams, die eine Dokumentation mit ihr drehten. Sie war zu dem Zeitpunkt schon sehr schwach, ging auch bereits einige Zeit an Krücken. Kurzerhand wurde sie vom Filmteam in den Tempel getragen, um sie dort zu filmen.

Im März 1981 fand auch eine Party anlässlich ihres 70. Geburtstages statt, die ebenfalls gefilmt wurde. Dies war leider ihr letzter Aufenthalt im Tempel und auch die Ausstrahlung der Dokumentation konnte sie nicht mehr anschauen, da sie bereits zuvor ins Jenseits überging, wo sie endlich mit ihrem Geliebten vereint war.

Sie hatte außerdem Vorkehrungen getroffen und sich ein eigenes Grab in Abydos vorbereitet, das sogar mit einer falschen Tür verziert war, durch die ihr Ka in die nächste Welt reisen konnte. Doch die örtliche Gesundheitsbehörde wollte nicht, dass sie in diesem Grab bestattet wurde, und so setzte man sie nach ihrem Tod am **21. April 1981** in der Wüste vor einem koptischen Friedhof bei.

Omm Sety und der Pharao. Jetzt sind die beiden endlich vereint.
Bild von Katharina Lindner © 2019

War Omm Sety die Reinkarnation der Priesterin Bentreshyt?

Nachdem wir uns jetzt einige der wichtigsten Begebenheiten im Leben der Omm Sety angeschaut haben, bleiben verschiedene Fragen offen.

Handelt es sich dabei um die größte Liebesgeschichte aller Zeiten, die zwei Liebende nach Tausenden von Jahren Sehnsucht auf ungewöhnliche Weise wieder zueinanderführt? Ist das nicht einfach nur wundervoll und romantisch?

Oder ist es zu schön, um wahr zu sein und einfach nur eine romantische Geschichte, die sich eine einsame junge Frau seit jüngster Kindheit zurechtgelegt hat? Eine Frau, die anders war als andere Kinder und sich die Zeit nicht besser zu vertreiben wusste, als mit dem Studieren verschiedener historischer Bücher, die in ihr den Wunsch erweckten, Teil jenes faszinierenden Lebens gewesen zu sein?

Aber warum dann ausgerechnet nach dem Anblick der alten Mumie von Pharao Seti I, die für ein vierjähriges Kind, aber auch für einen Teenager als nicht allzu attraktiv gelten dürfte? Dennoch hat sie ihn als Vision in Mumiengestalt als Vierzehnjährige an ihrem Bett gesehen oder zusammenfantasiert.

War Dorothy Eady von einer historischen Begebenheit besessen und rettete sich zeit ihres Lebens in eine Parallelwelt, in der sie sich wohlfühlte, in eine Traumwelt des Alten Ägyptens? Hat sie dieser Besessenheit ihr ganzes Leben gewidmet, dafür ihre Ehe geopfert und ihren Sohn vernachlässigt?

Aber weshalb? Weil sie einsam war, seit Kindertagen keine Freunde hatte oder weil sie später durch den Kontakt mit der ägyptischen Magie und spiritistischen Zirkeln Freude an paranormalen Phänomenen hatte?

Alles nur erfunden? Wenn sie alles nur erfunden hat, wie konnte sie dann so viele Hinweise geben, die die Archäologen zu historisch korrekten Ausgrabungsstätten und Funden führten?

Wie konnte sie in kürzester Zeit bereits als Kind so gut die Hieroglyphen lesen, dass sie einen angesehenen Ägyptologen mit ihren Kenntnissen beeindrucken und auch spätere Koryphäen auf diesem Gebiet von sich überzeugen konnte? Immerhin durfte sie für Sir Budge auch Auszüge aus dem Buch der Toten übersetzen!

Omm Setys Berichte im Vergleich zur modernen Grenzwissenschaft

Da ihr Fall nie wissenschaftlich konkret untersucht wurde, bleibt Raum für Spekulationen. Sie hat nicht für jedes Erlebnis, von dem sie berichtet, Zeugen oder Beweise. Dadurch finden Skeptiker hier gleich mehrere Ansatzpunkte.

Sehen wir uns jedoch die Möglichkeiten im Vergleich mit heutigen Fällen an:

Reinkarnationserinnerungen bei kleinen Kindern: Diese kommen häufig vor, verblassen dann jedoch recht schnell wieder und die Kinder vergessen ihre Erlebnisse und können ein völlig unbelastetes Leben führen. Viele dieser Fälle sind von Fachleuten untersucht worden und hielten der Prüfung stand.

Bitte erinnern Sie sich an die Fälle, die ich zu Beginn vorgestellt hatte. Viele Geschichten könnte man möglicherweise auch fälschen, aber bedenken Sie, welche Unmengen an Informationen dann ein vierjähriges Kind behalten müsste, dem sie solche Geschichten zum Auswendiglernen vorlegen.

Diese Kinder konnten ihre Mörder identifizieren oder völlig unbekannte Personen korrekt erkennen und mit ihnen Dinge diskutieren, von denen sie gar keine Ahnung haben konnten. Welche

Fragen dabei ein Arzt oder Kamerateam oder diese anderen Personen stellen würden, konnten die Kinder auch nicht wissen ...

Übersinnliche Phänomene: Hellsehen, Hellfühlen, Hellwissen, ... es gibt verschiedene übersinnliche Fähigkeiten, die auch im Fall von Dorothy Eady eine Rolle gespielt haben könnten. Diese Phänomene sind bekannt und erforscht und würden heute niemanden mehr vom Hocker hauen. Die Eltern einer Vierjährigen im England von 1904 vielleicht schon.

Es gibt übrigens auch Menschen, die sich im meditativen Zustand Zugang zur sogenannten Akasha-Chronik verschaffen können, in der alles Wissen aus allen Zeiten gespeichert ist – denn im Jenseits außerhalb unserer Erde existiert die Zeit nicht linear, sondern alles ist gleichzeitig. Vielleicht hat sie dieses Wissen angezapft?

Astralreisen und Materialisationen: Auch diese Phänomene sind gängig und möglich. Es gibt sogar Anleitungsbücher, wie Sie selbst das Astralreisen lernen können. Materialisationen während spiritistischer Sitzungen oder durch Yogis und Gurus sind bei uns vielleicht weniger bekannt, aber dafür in anderen Ländern fast an der Tagesordnung. Ihre nächtlichen Reisen zu Seti oder das Erscheinen der Osiris-Statue ist also durchaus erklärbar – und zwar auch ohne Reinkarnation!

Geister sehen oder erschaffen (Tulpas): Am Beispiel der Französin David-Néel konnten Sie sehen, dass es durch die Kraft des Geistes möglich ist, Wesen zu erschaffen, die sogar von anderen Personen gesehen werden können. Das wäre der Fall bei Pharao Seti, der nachts an ihrem Bett erschien und von Familienangehörigen ebenfalls gesehen wurde oder auch im Fall des Leoparden, für den es leider außer den Katzen keine Zeugen gab.

Automatisches Schreiben: Auch das automatische Schreiben fördert Informationen aus dem Unterbewusstsein und holt verschüttete Erinnerungen hervor. Bei einem belesenen Kind oder einer belesenen Frau können hier allerhand vergessene Informationen ihrer vielen Studien hervorgeholt worden sein. Sie könnte aber auch begabt gewesen sein, tatsächlich Kontakt zu Verstorbenen zu haben, die ihr diese Informationen tatsächlich diktiert haben. Gerade in diesem Fall ist es besonders beeindruckend, dass sie die Botschaften in einer Sprache niedergeschrieben hatte, die sie im Wachbewusstsein überhaupt nicht schreiben, entziffern oder übersetzen konnte.

Fazit:

Bei Personen, die vielleicht nur einen Teil des Wissens der Omm Sety hätten, könnte man vermuten, dass sie tatsächlich die Reinkarnation der Priesterin Bentreshyt ist, die sich als Kind an dieses frühere Leben erinnert. Doch Omm Sety konnte noch so viel mehr und ihre Erinnerungen verblassten auch nicht!

Daher liegt der Fall bei ihr anders. Sie könnte sehr wohl NICHT die Priesterin gewesen sein und auch KEINE Reinkarnation durchlebt haben. Stattdessen hätte sie auch mit dem Zweiten Gesicht geboren sein können oder dieses war durch das Nahtoderlebnis bei ihr ausgelöst worden.

In diesem Fall wäre es ein Leichtes gewesen, auf hellsichtige Weise sowohl die Vergangenheit als auch die Zukunft sehen können (wie im Beispiel der Gefallenen oder Verletzten während des Krieges; dem Vorwissen, einen Sohn zu gebären oder auch der Warnung in den 1970ern, nicht weiterzufahren, um nicht in ein Minenfeld zu geraten). Dazu hätte sie keine Reinkarnation der Priesterin Bentreshyt sein müssen.

Aber möglicherweise hat sie die hellsichtig empfangenen Informationen, so intensiv erlebt und sich so sehr mit dem Leben dieser Priesterin identifiziert, dass sie die Erinnerungen als ihre eigenen empfunden und ausgegeben hat. Und die dramatische Geschichte der Reinkarnation hat ja auch einen sehr romantischen Beigeschmack.

Eine erfundene, zurechtgelegte Geschichte, die von Betrug geprägt war, würde aus der armen Omm Sety allerdings eine egoistische Frau machen, die sich rücksichtslos (ihrer Familie gegenüber) dieser Besessenheit gewidmet hat. Dadurch würde sie Sympathiepunkte einbüßen.

Meiner Meinung nach hatte sie keinen Grund, etwas zu erfinden – was auch nicht geglückt wäre, denn dann hätte sie die Fundorte nicht präzise vorhersagen können. Da ein Betrug ausgeschlossen ist, hat sie alle ihre Erkenntnisse mindestens durch ihre übersinnlichen Fähigkeiten empfangen. Und da sie durchweg von ihren Mitmenschen als ehrliche Person beschrieben wurde, gibt es nicht einmal einen Grund, ihr die Reinkarnationsgeschichte nicht zu glauben.

Aber egal, ob man ihr die Reinkarnation zugesteht oder umfassende paranormale Fähigkeiten – sie hat der Nachwelt einen großartigen Blick auf das Alte Ägypten und seine Geschichte geöffnet.

Zu welcher Erklärung tendieren Sie nach den vorgestellten Fakten?

Quellen:

Artikel/Blogs:

http://www.leben-in-luxor.de/luxor_essays_gerke_ummseti.html
https://ashraf62.wordpress.com/2016/03/25/omm-sety-priestess-of-abydos-documentary/
https://de.sott.net/article/27411-Videos-6-unglaubliche-Falle-von-Reinkarnation-Forschung-von-Ian-Stevenson
https://www.bpv.ch/blog/James-van-praagh-interview/
http://www.templeharakhte.org/Omm_Sety.html
https://sites.google.com/site/kemetismus/omm-sety
http://brian-haughton.com/ancient-mysteries-articles/omm-sety-priestess-of-ancient-egypt/
https://www.ancient-code.com/the-mysterious-reincarnation-of-omm-sety-a-woman-that-proved-to-have-lived-in ancient-egypt/
https://www.historicmysteries.com/omm-sety/
https://atlantisrisingmagazine.com/article/thevery-long-journey-of-omm-sety/
https://www.ancient-origins.net/history-famous-people/omm-sety-british-woman-whose-life-was-lined-reincarnation-and-connected-020877
https://equapio.com/kultur/wiedergeburt-beweise-ueber-3-000-faelle-sprechen-baende/
http://www.unknowncountry.com/revelations/secret-knowledge-om-sety
https://www.brown.edu/Research/Breaking_Ground/bios/Sety_Omm.pdf
https://www.was-christen-glauben.info/reinkarnation-und-bibel/
https://www.spirituelle-hypnose.net/rueckfuehrung-in-vergangene-leben.html
https://www.zeitenschrift.com/artikel/reinkarnation-die-grosste-luge-der-kirche
http://www.livinglifeboomerstyle.com/james-van-praagh-dr-brian-weiss/
http://www.ein-klang-sein.at/kwanyin.htm
https://www.theologe.de/theologe2.htm

https://waswirnichtwissen.wordpress.com/2014/09/11/der-fall-cameron-macaulay/
https://mysteriousuniverse.org/2015/04/the-mysterious-reincarnation-of-omm-sety/
https://www.matrixdisclosure.com/dorothy-eady-omm-sety-egypt/
https://www.elenchis.nl/assets/data/artikelen/retraites/EgyptRetreat EN.pdf
https://katiestringer.files.wordpress.com/2012/02/om-sety-paper-2.pdf
https://www.nytimes.com/1987/07/26/books/she-had-her-life-to-live-over.html
http://strangeco.blogspot.com/2014/05/the-two-lives-of-dorothy-eady.html
https://ellisnelson.com/tag/dorothy-eady/
https://www.spirituellepaedagogik.com/deutsch/basics/die-auraschichten/
https://www.mediumausbildung.de/medialer-blog/ektoplasma
https://www.grenzwissenschaft-aktuell.de/physikalischer-spiritualismus-bzw-mediumismus-heute20180129/

Bücher:
„WAHRSAGEN, ORAKEL, HELLSEHEN - Die spannende Beschäftigung mit der Zukunftsvorhersage" – Daniela Mattes (ebook bei Ancient Mail, Printausgabe bei Twenty Six)
„Omm Sety's Egypt. A story of ancient mysteries, secret lives and the lost history of the pharaos" – Hanny el Zeini & Catherine Dees

Youtube:
https://www.youtube.com/watch?v=WfGfGLOVk00
https://www.youtube.com/watch?v=HzsxFtlNq7Q

Omm Sety auf youtube:
„Die wahre Geschichte der Omm Sety" (5 min)
https://www.youtube.com/watch?v=BA-MorkGeTU
Interview von 1962 (3.38 min)
https://www.youtube.com/watch?v=6Lkqz_r29ks
Dorothy Eady | Reincarnation of Omm Sety - Priestess in Ancient Egypt (5 min)

https://www.youtube.com/watch?v=99IfMhztECs
Omm Sety- The Reincarnated Priestess of Isis (7:27 min)
https://www.youtube.com/watch?v=iPffM57K7ss
Omm Sety - Priestess of Abydos (Documentary) (22.59 min)
https://www.youtube.com/watch?v=mFOmhMXPIdU
Audio:
The Om Sety FILES as you DON'T Know them 2017
https://www.youtube.com/watch?v=qY8QXpTGlaA
Podcast 1:27 min
The Best Documented Story of Reincarnation Ever Told – 2017
https://www.youtube.com/watch?v=7kCozSy2gl4
The Second Life of Omm Sety - Part 1   (20:43 Min)
https://www.youtube.com/watch?v=EadvNnSGrQg
OMM SETY ABYDOS (6:34 min)
https://www.youtube.com/watch?v=Z37AANtoil4
Episode 005 Omm Seti – was Omm Seti reincarnated? (19 min)
https://www.youtube.com/watch?v=rbQ1Yut_bpM
Dorothy Eady And Omm Sety (4:02 min)
https://www.youtube.com/watch?v=jExtWfgKI8c

Webseiten:
Verein für Transkommunikation: https://www.vtf.de/
Deutsche Webseite der Seth-Freunde:
https://www.sethfreunde.org/cms/seth-material/seth-buecher.
Homepage von JZ Knight: https://www.ramtha.com/
Dr. Tucker, Homepage http://www.jimbtucker.com/

Allgemeine Infos (Jahreszahlen etc.) von Wikipedia
https://en.wikipedia.org/wiki/1904_in_the_United_Kingdom
https://de.wikipedia.org/wiki/%C3%89criture_automatique
https://de.wikipedia.org/wiki/Blackheath_(London)
https://en.wikipedia.org/wiki/Bridey_Murphy
https://de.wikipedia.org/wiki/British_Museum
https://en.wikipedia.org/wiki/Abydos,_Egypt
https://de.wikipedia.org/wiki/Allan_Kardec
https://en.wikipedia.org/wiki/Dorothy_Eady
https://de.wikipedia.org/wiki/E._A._Wallis_Budge
https://en.wikipedia.org/wiki/E._A._Wallis_Budge

https://en.wikipedia.org/wiki/Edward_VII
https://en.wikipedia.org/wiki/Eighteenth_Dynasty_of_Egypt
https://de.wikipedia.org/wiki/Flinders_Petrie
https://en.wikipedia.org/wiki/Francis_Frith
https://de.wikipedia.org/wiki/Fremdsprachen-Akzent-Syndrom
https://de.wikipedia.org/wiki/George_Andrew_Reisner
https://de.wikipedia.org/wiki/Ian_Stevenson
https://en.wikipedia.org/wiki/Ian_Stevenson
https://en.wikipedia.org/wiki/John_A._Wilson_(Egyptologist)
https://de.wikipedia.org/wiki/Kent_Weeks
https://de.wikipedia.org/wiki/Labib_Habachi
https://de.wikipedia.org/wiki/Margaret_Alice_Murray
https://de.wikipedia.org/wiki/Neues_Reich#18._Dynastie
https://en.wikipedia.org/wiki/New_Kingdom_of_Egypt#History
https://en.wikipedia.org/wiki/Osireion
https://de.wikipedia.org/wiki/Reinkarnation
https://de.wikipedia.org/wiki/Reinkarnationstherapie
https://de.wikipedia.org/wiki/Sathya_Sai_Baba
https://de.wikipedia.org/wiki/Selim_Hassan
https://de.wikipedia.org/wiki/Sethos_I.
https://en.wikipedia.org/wiki/Seti_I
https://de.wikipedia.org/wiki/Yogananda

Bilder:
Rosettastein: 1874, gemeinfrei
https://commons.wikimedia.org/wiki/File:Rosetta_Stone_International_Congress_of_Orientalists_ILN_1874.jpg

Seti-Tempel, Widikpedia, gemeinfrei
Bild: Ägypten – Tempel von Seti I. in Abydos. Fotografiert von William Henry Goodyear (1846-1923). Brooklyn Museum Archives, Goodyear Archival Collection (S03_06_01_018 image 2401)
https://commons.wikimedia.org/wiki/File:S03_06_01_018_image_2401.jpg

Szene aus dem Book of the dead, Britisches Museum, Wikipedia, gemeinfrei https://commons.wikimedia.org/wiki/File:Weighing_of_the_heart3.jpg

Kopf der Mumie von Seti I, Foto: 1889, Emil Brugsch (1842-1930) (Wikipedia, gemeinfrei).
https://commons.wikimedia.org/wiki/File:Pharaoh_Seti_I_-_His_mummy_-_by_Emil_Brugsch_(1842-1930).jpg

Erste realistische Darstellung von Stonehenge, Aquarell von Lucas de Heere zwischen 1573 und 1575. (Wikipedia, gemeinfrei)
https://commons.wikimedia.org/wiki/File:Stonehenge_Lucas_de_Heere.jpg

Kairo(Kalaun Moschee) im 19. Jahrhundert.
Ölgemälde von Georg Macco (1863–1933) (Wikipedia, gemeinfrei)
https://commons.wikimedia.org/wiki/File:Georg_Macco_Kairo.jpg

Die drei Musikerinnen, Grabmal der Nacht, Theben,
(Wikipedia, gemeinfrei; The Yorck Project (2002) 10.000 Meisterwerke der Malerei (DVD-ROM), Zenodot Verlagsgesellschaft mbH)
https://commons.wikimedia.org/wiki/File:Maler_der_Grabkammer_des_Nacht_004.jpg

Bild: „The nature of early Egypt" – A. Peters (Wikipedia, gemeinfrei)
https://commons.wikimedia.org/wiki/File:Egyptarts.jpg. „I, the copyright holder of this work, release this work into the public domain. This applies worldwide."

Die große Pyramide und die Sphinx. 1858 fotografiert von Francis Frith. (Scottish National Gallery; Wikipedia, gemeinfrei).
https://commons.wikimedia.org/wiki/File:The_Great_Pyramid_and_the_Sphinx.jpg

Osiris mit Atef-Krone aus Bronze (Foto: Marco Almbauer, 2015, Wikipedia, in die Public Domain freigegeben; Naturhistorisches Museum Wien)
https://commons.wikimedia.org/wiki/File:Osiris_mit_Atef-Krone.JPG

Bild: Ba und Mumie, 1895 (The Book of the Dead - E. A. Wallis Budge (1857-1937) (Wikipedia, gemeinfrei)
https://commons.wikimedia.org/wiki/File:Ba_and_mum.jpg

Das geheimnisvolle Osireion. Kurt Diedrich © 2019

Computergrafiken der Gebäude (Abydos und Osireion) von Kurt Diedrich.

Kurt Diedrich war über 40 Jahre lang hauptberuflich als technischer Autor, Übersetzer und Computergrafiker für verschiedene, große Unternehmen der IT-Branche sowie für eine bekannte große Fachzeitschrift tätig. In den letzten beiden Jahren sind von ihm außerdem zwei Bücher zu grenzwissenschaftlichen Themen erschienen.

Wie bereits bei meinen Büchern über Jack the Ripper und Lizzie Borden hat er mich auch hier tatkräftig mit Bildern unterstützt.

Mehr über ihn und seine Arbeit finden Sie auf seiner Webseite: https://www.subroutine.info/mein-leistungsprofil/

Bild von Omm Sety und dem Pharao sowie Lektorat: Katharina Lindner.

Katharina Lindner, Jahrgang 1980, stammt ursprünglich aus Eisenach, wohnt jedoch derzeit mit ihrem Lebensgefährten in Oldenburg. Sie hat Germanistik und Soziologie studiert und arbeitet als Lehrerin an der Oberschule Rodenkirchen. Die kreative Autorin hat bereits einen äußerst erfolgreichen Roman (eine Biografie) über den berühmten Schriftsteller Oscar Wilde veröffentlicht. Weitere Bücher sind in Arbeit.

Sie hat freundlicherweise das Lektorat übernommen sowie ein wunderbares Bild von Omm Sety und dem Pharao für dieses Buch entworfen.

Daniela Mattes

Daniela Mattes, geb. 1970, Diplom-Verwaltungswirtin (FH) hat ihre schriftstellerische Laufbahn 2005 mit einem Kinderbuch begonnen.

Seither ist sie jedoch in jedem Genre vertreten und hat in verschiedenen Verlagen Kinderbücher, Fantasybücher, historische Romane, esoterische Bücher und Wahrsagekarten veröffentlicht.

Mit zwei Autorenkolleginnen hat sie lange Zeit die Kolumne „Federlesen" geschrieben, die zunächst in der Tageszeitung, dann als Printausgabe veröffentlicht wurde.

Für den Ancient Mail Verlag hat sie bereits einige Bücher ins Deutsche übersetzt.

Daniela Mattes beschäftigt sich seit dem 14. Lebensjahr mit Astrologie und hat einen Abschluss in Astrologischer Psychologie (SGD). Außerdem interessiert sie sich für Wahrsagen und Steinheilkunde sowie alte Kulturen und ungelöste Rätsel.

Mehr Informationen zu ihrer Person sind auf ihrer Webseite ersichtlich:

www.daniela-mattes.de / www.daniela-mattes.com

Oder auf der Seite des Ancient Mail Verlages:

https://www.ancientmail.de/autoren/daniela-mattes/

Weitere Bücher der Autorin:

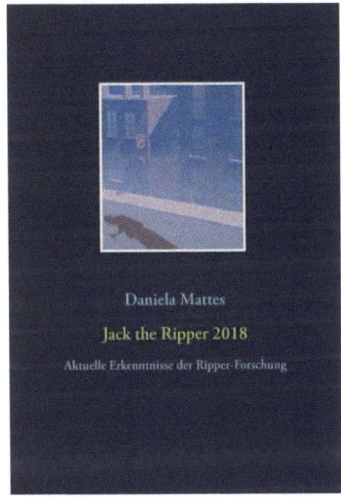

Paperback
344 Seiten
ISBN-13: 9783740752613
Verlag: TWENTYSIX
Erscheinungsdatum: 04.01.2019

Der Name Jack the Ripper ist praktisch jedem geläufig. Dieses Pseudonym des immer noch unbekannten Serienmörders, der 1888 das Londoner East End in Angst und Schrecken versetzte, wird in vielen Büchern, Filmen und anderen Medien verarbeitet.

Die damaligen Umstände und die vergleichsweise bescheidenen polizeilichen Möglichkeiten führten leider dazu, dass der Serienmörder ungehindert entkommen konnte. Interessanterweise tauchen aber auch jetzt noch, nach so vielen Jahren, neue Hinweise auf den Fall und auf den Mörder auf, wodurch sich eine ganz neue Perspektive eröffnet.

Wenn wir heute einen Blick auf die aktuellen Forschungsergebnisse werfen, die die neuen Untersuchungsmethoden und die unermüdliche Kleinarbeit privater Forscher hervorgebracht haben, können wir den Täterkreis einengen und einige der beliebten Verdächtigen ausschließen. Wer bleibt am Ende noch übrig? Lässt sich 2019 der Ripper endlich demaskieren?

Der Fall Lizzie Borden. Amerikas berühmtester Mordfall des 19. Jahrhunderts

Paperback
384 Seiten
ISBN-13: 978-3-7407-3443-5
Verlag: TWENTYSIX
Erscheinungsdatum: 21.11.2017

Der Fall von Lizzie Borden ist einer der berühmtesten Doppelmorde in der amerikanischen Geschichte, der die Amerikaner auch heute noch beschäftigt.

Am 4. August 1892 werden der schwerreiche Fabrikant Andrew Borden sowie seine zweite Frau Abby Borden mit mehreren Axthieben bestialisch ermordet. Außer der jüngsten Tochter Lizzie und der Dienstmagd Bridget war zum Tatzeitpunkt niemand im Haus. Doch angeblich hat keine der beiden etwas gesehen oder gehört. Lizzie Borden wird schließlich der Prozess gemacht, doch sie wird aus Mangel an Beweisen freigesprochen. Zu Recht?

War sie es? Hat sie den perfekten Mord begangen? Oder war sie es nicht? Aber wer war es dann? Viele Verdächtige, zwielichtige Zeugen, schlampige Polizeiarbeit und die Missachtung üblicher juristischer Verfahrensweisen geben dem Fall zusätzlich einen seltsamen Anstrich.

Was ist damals in Fall River, Massachusetts wirklich geschehen? Das Buch versucht, den Fall umfassend darzustellen und Lösungen dafür anzubieten, was sich damals zugetragen hat. Folgen Sie der Autorin auf der faszinierenden Spurensuche eines der berühmtesten Fälle der Kriminalgeschichte.

> "Lizzie Borden took an axe,
> And gave her mother forty whacks,
> When she saw what she had done,
> She gave her father forty-one."

BUCH DES MONATS MAI 2018

(gewählt von den Lesern von „Ihr Buchwerber").

Trailer dazu auf Youtube:

https://www.youtube.com/watch?v=gnMWH-uV1fA

Mythos: Feen und Elfen - Gibt es sie wirklich?

Eine literarische Suche nach dem Ursprung der Sagengestalten in den alten Überlieferungen aus dem keltischen Raum

Paperback
160 Seiten
ISBN-13: 978-3-7407-4357-4
Verlag: TWENTYSIX
Erscheinungsdatum: 08.01.2018

Wir alle kennen Geschichten über Feen und Elfen. Alles nur wunderschöne Märchen - oder doch nicht? Auf der Suche in alten Sagen, Märchen und Überlieferungen lässt sich eine Vielzahl interessanter Anhaltspunkte dafür finden, dass es diese Wesen tatsächlich gibt oder gegeben hat. Doch was sind sie eigentlich? ...

Buch des Monats April 2018 (gewählt von den Lesern von „Ihr Buchwerber").

Trailer dazu auf Youtube:

https://www.youtube.com/watch?v=bBkIHeFzW_8

Katharina – Mord unterm Baldenberg

Roman, überarbeitete und erweiterte Neuauflage,
ISBN 978-3-95652-222-2, DIN A5, Paperback,
196 Seiten, Ancient Mail Verlag

1680 – Krieg und Armut herrscht. Katharina erblickt das Licht eines düsteren und grausamen Zeitalters. Zwei Jahre nach ihrer Geburt stirbt ihre Mutter. Zusammen mit ihrem Vater begibt sie sich auf die Suche nach Arbeit. In Spaichingen finden sie beim Rees-Bauer Unterkunft und eine Anstellung als Knecht und Magd. Eine harte Zeit voller Sorgen, Hunger und Entbehrungen, die Katharinas Vater nicht überlebt.

Die Bäuerin nimmt sie unter ihre Fittiche. Katharina wächst heran und träumt von einem besseren Leben. Von einem Dasein mit einem liebevollen Mann, Haus und Kindern.

Jakob, ein Hallodri aus Stuttgart, der sich mit seinem Vater überworfen hat, kreuzt ihren Weg. Er macht ihr den Hof, verspricht Liebe und Heirat ... und sie gibt sich ihm hin. Sie wird schwanger und er verschwindet bei Nacht und Nebel.

Allein steht sie vor einer ungewissen Zukunft. Ängste und Kummer nagen in ihr, sie will das ungewollte Kind nicht. In der Zwiesprache mit der Muttergottes sucht sie ihr Heil ...

Doch alles Bitten ist vergebens, sie gebiert ein Mädchen ... und versenkt es in einer Jauchegrube ...

Katharina Fischer von Trossingen ist wegen Kindstötung am 13.7.1696 im Espan enthauptet worden; sie gab sich dabei glücklich, fromm und tapfer. (aus dem Familienregister Spaichingen)

Eine ergreifende Geschichte eines jungen Mädchens, verfasst nach wahren Begebenheiten.

Aufbruch in die Neue Welt

- 1848 - Vom Heuberg nach Amerika

Ein beinahe wahrer Bericht über die
Auswanderung vom Heuberg 1848
(nach historischen Berichten in Romanform geschrieben)

Überarbeitete und erweiterte Neuauflage,
ISBN 978-3-95652-220-8, DIN A5, Paperback,
116 Seiten, 16 s/w-Abbildungen
Ancient Mail Verlag

Auswandern - auch heute wieder ein Thema - war vor knapp 160 Jahren kein romantisches Abenteuer, sondern konnte leicht in lebensbedrohliche Situationen führen. Schon der Weg stellte ein großes Risiko dar. Manches Mal erreichte nur ein Bruchteil der ursprünglichen Schiffsbesatzung ihr Ziel.

In ihrem Buch begleitet Daniela Mattes einige Menschen auf ihrer Reise über den Atlantik und berichtet in mehreren kurzen Episoden von ihren Erlebnissen an Bord eines Segelschiffes, das direkt von Hamburg aus New York ansteuerte.

Reisen Sie mit: Vom Heuberg nach Amerika!

Der Zeitpionier
Roman

Neuauflage, ISBN 978-3-95652-221-5, DIN A5, Paperback,
128 Seiten, 18 s/w-Abbildungen, Ancient Mail Verlag

Als Joachim mit seinem Kaninchen zum Tierarzt geht, hat er nur einen Gedanken: Hoffentlich macht Frau Doktor Schwarz meinen kleinen Hasen wieder gesund. Damit, dass er, kaum in der Praxis angekommen, urplötzlich im Wilden Westen des Jahres 1846 landet, hat er sicher nicht gerechnet.

Wie ist er hierher gekommen und wie kann er wieder zurückgelangen? Er findet kaum Zeit, sich darüber Gedanken zu machen, denn jetzt geht es erst mal darum, in der ungewohnten und gefährlichen Umgebung zurechtzukommen. Gar nicht so einfach für einen Zwölfjährigen, der mit seiner seltsamen Kleidung den Argwohn der Menschen weckt.

Ein nettes Ehepaar nimmt sich seiner an und er begleitet sie auf ihrer Reise nach Oregon. Hautnah erlebt er die Strapazen der ersten Siedler auf dem Oregon-Trail und lernt viel vom Trapper Grizzly-Bob, der die kleine Wagenkolonne anführt. Außerdem findet er auch Freunde, was ihn die Gefahren leichter ertragen lässt.

Was der Joachim nicht weiß: Auch die Tierärztin ist durch die Zeit gereist und auf einer Farm gelandet, wo sie für einiges Aufsehen sorgt. Die Ärztin muss zwar nicht die 3.000 Kilometer bis Oregon reisen, hat jedoch mit den Tücken des Alltags auf der Farm zu kämpfen und bringt die Bewohner mit ihren modernen Ideen ganz schön durcheinander.